wwwwwwww 啊啊啊啊啊啊啊啊啊啊 @rtd

uyuyu 政令那么严苛，活该二世而亡 修长城破坏生态，差评！

厉害厉害！！！！ 修建郑国渠不考虑那些濒危鱼类吗？

看。。。。 徭役太重，996的鼻祖！ 6666666666 ahahahhaha

！ 我真醉了，杀这么多人你们也崇拜？ 骗我童男童女，还我青春！

可啊啊啊啊啊啊啊啊 绕柱跑算什么英雄！ 伟大的时代！伟大的领袖！

荆轲好帅！ 荆轲！荆轲！荆轲！ 阿房宫烂尾楼，浪费纳税人的钱！

！

能警报！！！ 长城修歪了啊政哥，歪一厘米重修！ 徐福东渡是去了日本吗？

22222 我是秦始皇，打钱！懂？ 楚虽三户 亡秦必楚 哦哦哦哦哦哦哦哦哦哦哦！

牛牛牛牛！！！！ 绕柱跑是古代版HIIT训练！ 6666666666666

李斯这厮了不起！ **荆轲刺秦，政哥绕柱跑，史上最尬刺杀现场！**

我是徐福，我有长生不老药！ 卖不卖，我要买！！ oh yes oh no

楼上的，多少钱一粒？批发吗？ 修长城是为了啥？还被你们无脑骂暴君！

yayay xswl 太子丹帅不帅？ 帅！！！！ 一生没立皇后，孤独终老！

6666666666666 批发零售兵马俑，零库存一件代发。 我要下单，我要下单！

！ 可能他的内心也不希望孤独吧，修那么多兵马俑，想找个朋友。

哦哦哦哦哦哦哦哦哦哦！ 他能做的，是别人根本想不到的。真是令人景仰！

秦始皇不是真的死了，他去月球找不老药了！ 6666666666666

E啊！ 大秦帝国的强大，离不开始皇帝的雄才大略！

千古一帝秦始皇

有且/文　博观/图

新 华 出 版 社

CONTENTS 目录

沉浸式

剧本杀

SCRIPT MURDER

大男主 艰难模式开局

新手玩家 | 端正态度 | 代入角色 | 认真参与 | 享受游戏

第一章

我在赵国当质子

命运的剧本 谁都说不准

THE SCRIPT OF FATE NO ONE CAN SAY FOR SURE

我是嬴政

没有人在出生前能预测自己拿到什么样的剧本，更不可能有人选择降生在什么样的家庭，什么样的爷爷奶奶，什么样的爸爸妈妈。

所以我也根本预测不到我竟然出生在战国末年的乱世，也预测不到在位五十六年的秦昭襄王是我曾祖父，而我的亲爷爷秦孝文王创造了比吉尼斯世界纪录还霸气的世界纪录，仅仅在位三天便紧急下线，简直离了个大谱。

【《史记·秦本纪》：孝文王除丧，十月己亥即位，三日辛丑卒，子庄襄王立。】

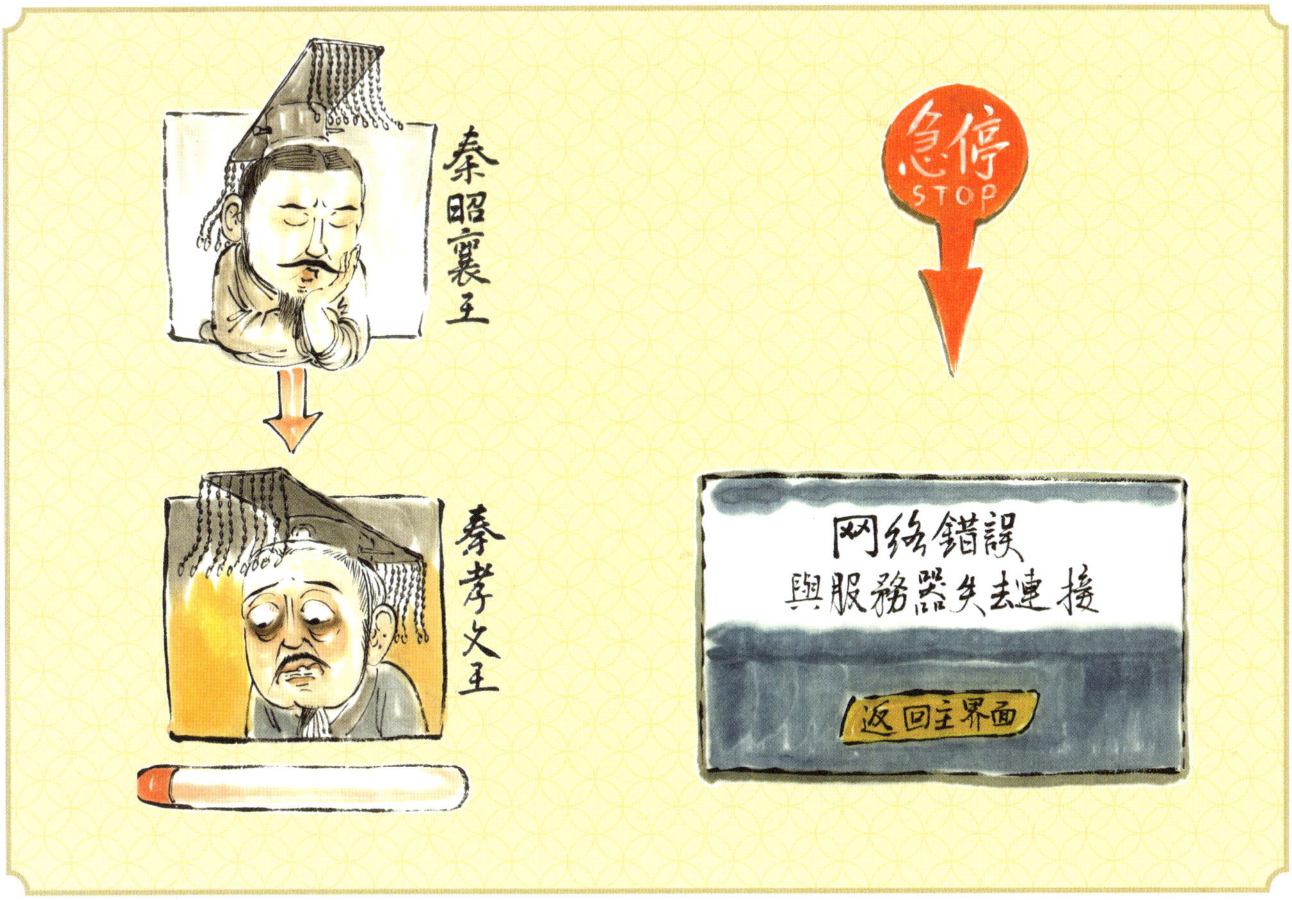

我以为没有人不喜欢自己的儿子，但是我爷爷颠覆了我的以为。

我爷爷有二十多个儿子，我父亲只是二十几分之一，分母太大，导致占比太小，所以连名字都起得非常随意，我爹叫“异人”。

这名字毫无气质可言，可见即便是出生在帝王之家，也未必能享受雨露恩泽，甚至很早就把我父亲打发到赵国做了质子。

一手烂牌 也能打出王炸

讲到这里，还没有人能判断未来的时局走向，但是我要说的是，才不出众，貌不惊人拿了一手烂牌的我爹，在步步惊心的朝堂争斗中，竟然凭借贵人相助，最终夺得王位，走向人生巅峰。

但凡有点历史知识的都知道，**齐、楚、燕、韩、赵、魏、秦**在那个时代你方唱罢我登场，相邻的国家昨天还兄弟情深，转眼第二天就能兵戎相见。那时候赵国和秦国不睦，经常发生摩擦，这使我在赵国都城邯郸做人质的父亲夹在中间**战战兢兢，如履薄冰**，经常缺吃少穿，生活窘迫。

改变历史的人物出场一般都有背景音乐，噔噔噔噔！卫国大商人吕不韦踩着七彩祥云降临人间，且坚定认为我父亲“奇货可居”，未来可以让他光宗耀祖。吕不韦不仅嘴上说得好，而且实实在在把他的战略落实到了行动中。

世上无难事 只怕有贵人

他不仅接济我父亲财物，甚至连他的舞姬都送给了我父亲，于是在某个月黑风高的夜晚，紫微星光芒一闪，舞姬生下了一个大胖小子，你猜猜，这个天降猛男是谁？

【《史记·秦始皇本纪》：（秦庄襄王）于赵，见吕不韦姬，悦而取之，生始皇。】

你可太聪明了，这个猛男就是无论多少成语也形容不了才高八斗、学富五车、博古通今、出口成章、能言善辩、风度翩翩、仪表堂堂、英俊潇洒、气宇轩昂的我！当然，用了这么多形容词也不足以概括我。只不过，以上这些标签在我的童年基本没用。

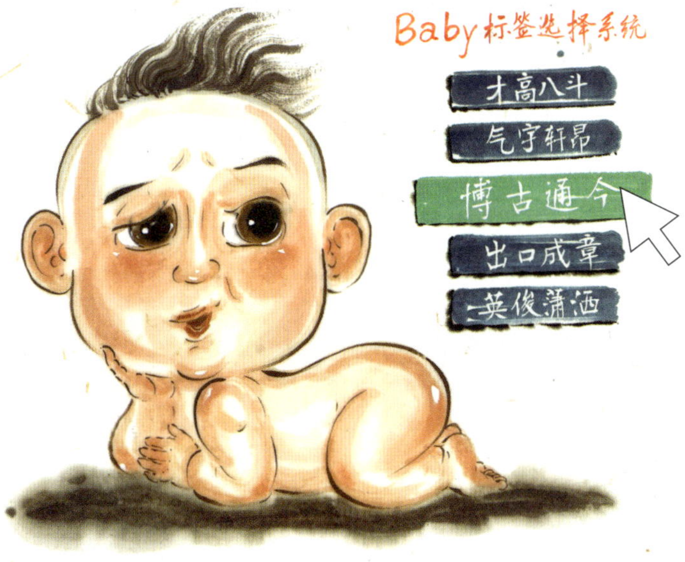

最早的国际交换生

因为纵然我的身份在秦国算得上嫡亲王室，但是从出生便客居赵国，算得上古代“变形记”鼻祖，生下来就面临“国际交换生”的境遇，并且亲身经历过几次秦赵之间的反目。

反问三连

1. 寄人篱下的那种感觉你能体会吗？
2. 跟着父亲亡命天涯又死里逃生的经验你有吗？
3. 在学堂和那一众赵国贵胄后裔中既要不卑不亢，又要见风使舵的痛苦你懂吗？

好消息是赵国和秦国的关系不是一直坏，坏消息是赵国和秦国的关系时好时坏。好的时候被奉若上宾、礼遇有加，差的时候满城搜捕、全国追杀。这种不稳定的生活导致我成年以后常常居安思危，对身边所有人都留有戒心。

有钱能使鬼推磨

吕不韦在我父亲的豪赌中不停下重注，把所有的资产都用来帮助我父亲打通各种关系、制造各种舆论。因为吕不韦的资助，父亲在秦国的地位似乎愈发重要起来。

自古花钱好办事 >>>

SPENDING MONEY HAS DONE GOOD THINGS SINCE ANCIENT TIMES

【《史记·吕不韦列传》：吕不韦乃以五百金与子楚，为进用，结宾客；而复以五百金买奇物玩好，自奉而西游秦。求见华阳夫人姊，而皆以其物献华阳夫人。】

我总是在端茶递水中假装不经意偷听他们谈话，了解到吕不韦花重金去秦国见到了我爷爷宠爱的华阳夫人，甚至连华阳夫人的姐姐和弟弟都一并买通，说服华阳夫人认了我父亲为义子，并改名子楚。

我爷爷耳朵根子软，对华阳夫人言听计从，不仅刻下玉符将我父亲立为继承人，还赐予厚礼，并请吕不韦做我父亲的老师。吕不韦应该算是古代传播学鼻祖了，经过他添油加醋的演绎，子楚这个名字在诸侯中的名气越来越大。

第二章

十三岁少年的“王冠诅咒”

Hello 秦国 我回来啦！

爷爷继位的那一年，我终于告别“战国版留守儿童”的称号，跟随母亲第一次回到秦国，可惜孝文王只用了三天便轰然离世，我父亲顺理成章继位，成为秦庄襄王，我作为嫡亲长子，也自然而然被立为太子。

【始皇帝元年，公元前247年】

三年后的五月，正值壮年本应大展抱负的我父亲，也撒手归天，享年三十五岁。十三岁的我不知道是时来运转还是厄运当头，懵懵懂懂、手足无措地登基上位。

【《史记·秦始皇本纪》：年十三岁，庄襄王死，政代立为秦王。】

自学高级表演专业

众目睽睽之下，我的一举一动都在朝堂上被文武百官无限放大，但我还是个孩子啊！表面上我被尊为秦王，但是在母亲的主持下，我只能拜吕不韦为仲父，朝中军政大事乃至后宫管理皆由吕不韦一手遮天。我用堪称影帝级的表演，演出一副对吕不韦尊崇备至、言听计从的样子。

【《史记·秦始皇本纪》：嬴政即位时由于年少，尊吕不韦为仲父，国政皆由吕不韦把持。】

用人设安身立命

别人是放下幻想，准备战斗，而我却只能放弃战斗，不停幻想。我不能信任任何人，因为身边所有的人，从宦官到卫兵，从嫔妃到宫女，甚至我的母亲、我的弟弟都有可能是吕不韦派来监视或者打探情报的细作。

我要让所有人相信，我碌碌无为、不学无术，所以我每日骑马游玩，斗鸡为乐，只为求得太平度日。在这种苟且中等待，等待我有朝一日积攒实力能够推翻吕不韦，重振朝纲。

孔老夫子您好！

我们这个时代，孔子的儒家学说已经在各国之间推行，**仁、义、礼、智、信**作为普通人的做人之本开始大行其道。吕不韦虽然给我指派了老师，但是因为人设使然，我只能显得在学业上无比笨拙，其实诸子百家的竹简我每日都要诵读，拉上帷幕的床帏才是我用功的学堂。

治国安邦不在年龄大小

父亲在世时，曾经对我的功课要求十分苛刻，那时的我虽然年纪尚小，但是也算博览群书，常常与父亲谈论治国安邦之策。在我看来，仁政可施在盛世，若在七国争霸的乱局，用孔子的方法只会成为任人宰割的羔羊，而要称雄天下，靠的只有铁骑长矛。乱世治理天下，必须要用法家那一套才能让万民归心。

难言之隐跟谁说啊！

【《史记·吕不韦列传》：始皇九年，有告嫪毐实非宦者，常与太后私乱，生子二人，皆匿之。】

谁都有难以启齿的隐私，我这一生最痛的不是吕不韦权倾朝野，也不是无法亲政，而是吕不韦和我母后不清不楚这么多年，我作为大王、作为儿子也只能睁一只眼、闭一只眼当看不见。但是这老小子得寸进尺，竟然将他的门客嫪毐 [lào ǎi] 拔掉眉毛、胡须，假扮宦官送进后宫，让母后接连生了两个孩子。那嫪毐也不是省油的灯，母后让我封他为长信侯，原以为吕不韦会坚决反对，哪知道他竟然笑而不语，不置可否。

打掉牙往肚子里咽，眼泪往心里流，我顺水推舟封了嫪毐，又接连按照母后的意思把山阳、太原封赏给他，任由他在朝中培植党羽，扩大自己的势力，嫪毐渐渐成为仅次于吕不韦的一股力量。

愚公移山的故事听说过没

随着年龄渐长，亲政已经是摆在桌面上的问题。可是在我面前有三座大山需要一一跨越，为相的吕不韦自然是一座大山，嫪毐和母后的势力也算是一座大山，长安君成蟜 [jiǎo] 是第三座大山。长安君成蟜是我弟弟，在庄襄王时期获封长安君，还曾凭借**三寸不烂之舌**，为秦国赢得百里土地，在王族中的口碑相当好。

理想>>>那时候还不是车

作为一国之君，我有没有理想？我想不想成为一代明君，扩大秦国疆域，提升百姓生活品质？答案是肯定的，但是，我空有一腔抱负，却无处施展。

吕不韦这几年对著书立传愈发着迷，好像有意放松了对我的监视，广招门客厚待，不仅死士几千之众，就连家童都以万计。吕不韦叫门客将百家九流之说编纂成《吕氏春秋》，公布于咸阳城门，游士宾客有能增减一字者即赏千金。

【《史记·吕不韦列传》：吕不韦以秦之强，羞不如，亦招致士，厚遇之，至食客三千人。是时诸侯多辩士，如荀卿之徒，著书布天下。吕不韦乃使其客人人著所闻，集论以为《八览》《六论》《十二纪》，二十余万言。以为备天地万物古今之事，号曰《吕氏春秋》。布咸阳市门，悬千金其上，延诸侯游士宾客有能增损一字者予千金。】

哼！欺负我？大胆！！！

我二十一岁那年夏天，正坐在榻上翻阅《吕氏春秋》，内侍匆匆跑进内殿：“报！启禀主公，长安君伐赵途中竟然谋反，现已率兵企图攻进咸阳！”

长安君成蟜谋反其实早在我意料之中，多年来他一直心怀不臣之心，甚至散播谣言，说本王是吕不韦和母后的私生子，而他才是先王嫡亲子嗣。不用我动手，吕不韦和嫪毐的势力便将成蟜军队就地剿灭，就连他属地的百姓，也一并流放。

【《史记·秦始皇本纪》：八年，王弟长安君成蟜将军击赵，反，死屯留，军吏皆斩死，迁其民于临洮。】

人生不能重来 只能疗伤

幸福的人用童年治愈一生，而不幸的人用一生治愈童年。

不管一个人成年后如何叱咤风云，如何呼风唤雨，童年的伤疤总是在夜深人静的时刻隐隐作痛。

幼年的我，是如此地渴望着家的温暖，却被迫客居他乡。每当夜深人静，我总是躲在被窝里，回想起父亲的温和笑容和母亲的慈爱目光。但命运却对我不那么仁慈，父亲英年早逝，母亲也移情别恋。

十三岁任人摆布荣登王座，那才是真正的孤独和无助，仿佛独自一人在漆黑的夜晚中徘徊，没有任何可以信任的人，也找不到任何方向和出路。我常常偷偷哭泣，却又努力地将眼泪擦干，告诉自己要坚强。

我相信我就是我 我相信明天 >>>

在孤独中，我学会了一个人独立思考，学会了一个人应对生活的艰难。就像是一棵**被风雨洗礼过的小树苗**，我逐渐长大，变得越来越坚强。

此刻的我，独坐书房，静静地凝视着窗外的月色，回忆童年时的挫折和磨难，让我更加珍惜眼前的一切，也更加坚定了改变世界的决心。

或许，童年的伤痛会永远存在，但它也成就了今日的我，一个能够扛起责任、有一统天下之志的我。

以史为鉴 可以知兴替

从历史的角度来看，周朝，特别是东周时期，天子的权威日渐衰落，而地方的诸侯国因为封地的世代供养有了更多的军事权和政治权力。

天子的本意是想通过诸侯国来维护中央权威，但是四方混战，群雄并起，让我小时候耳边听到的都是各个诸侯国之间的打斗和纷争。我常常想，如果我有机会改变这一切，让天下太平，那该有多好啊！

PLEASE GRANT ME STRENGTH

请赐予我力量吧

然而，成长的过程中，我渐渐意识到，要实现这个目标并不容易。封建时代的乱世，不仅仅是我个人的愿望所能改变的。我需要更多的力量、更多的智慧，以及更多的支持才能做到这一点。

夢想

梦想 >>> 真的遥不可及吗

没有人能随机分配到完美的父母，我的童年并不完美，但正是这些经历，都是我成长路上宝贵的财富，让我学会了坚强、智慧和勇气。我相信，只要我不懈努力，终有一天，我能够实现自己的梦想，让天下太平，让百姓安康。

第三章

龙椅上的孤勇者

寡人亲政的日子到喽！

【始皇帝八年，公元前 239 年】

旭日东升，雍城蕲 [qí] 年宫朝堂之上，我目光如炬，扫视群臣。今日，是我二十一岁生辰，也是我举行冠礼，正式亲政的日子。群臣朝服整齐，跪拜于地。

按照秦国祖制，一旦我行冠礼，佩宝剑，便可以名正言顺收回由太后和“仲父”等人所代管的最高权力，太后、吕不韦、嫪毐也不例外。收回权力，于公，自然是保秦国长治久安；于私，也能更好保全自己，免受篡权被杀的风险。

“众卿平身。”我的声音在大殿中回响，平静而坚定。

【《史记·秦始皇本纪》：己酉，王冠，带剑。】

吕不韦站在群臣之首，身后是文武百官。

如果通过历史学家的滤镜来看我，仿佛吕不韦让我亲政理所应当、顺理成章。而实际上，一方面吕不韦年事已高，身体状况已经不允许他大权独揽；另一方面有关他试图篡位的流言这几年也**甚嚣尘上**。

几百年来，诸侯列国兴兵征战，乱臣贼子者、弑君篡位者、抢班夺权者比比皆是。连孔子都曾说过："**亡国五十二，弑君三十六**"，这是他老人家亲历那段乱世的记载。

吕不韦还政于我，是因为我常常不经意间展现出治国安邦的才能，也是因为他不想在历史上留下弑君篡位的骂名。

连吕不韦都屈服于寡人，难道还有人有不臣之心？

嫪毐，你个XXX！

不但有，而且就在今天！就在此刻！就是嫪毐！

嫪毐心里明白，我亲政之日，便是他死无葬身之地的时刻。他抱着要么载入史册，要么载入死册的决心发动了叛乱，盗用大王御玺及太后玺，当天夜里率军攻向蕲年宫。

我自然有所防备，早在宫中布置好三千铁甲，连同诸多宦官一起对叛军迎头痛击。

嫪毐显然没有料到会遇到如此猛烈的反扑，只好转攻咸阳宫。咸阳宫本就易守难攻，更何况这群叛军名不正、言不顺，很多人在明白过来以后仓皇逃窜。

嫪毐举事失败，独自一人落荒而逃。寡人下令：“有生得毐，赐钱百万。杀之，五十万。”重赏之下必有勇夫，嫪毐没过多久便被逮捕。

尽管当时的风俗对于男女私情比较宽容，但本应“母仪天下”的太后如此毫无节制地秽乱后宫，不仅有损王室形象，也容易被百姓诟病。所以，嫪毐不得不斩，太后不得不罚。

嫪毐，车裂而死，曝尸示众。

太后关进雍城的萯 [fù] 阳宫。

嫪毐与太后的两个私生子一并处死。

【《史记·秦始皇本纪》：长信侯毐作乱而觉，矫王御玺及太后玺以发县卒及卫卒、官骑、戎翟君公、舍人，将欲攻蕲年宫为乱。王知之，令相国、昌平君、昌文君发卒攻毐。战咸阳，斩首数百，皆拜爵，及宦者皆在战中，亦拜爵一级。毐等败走。即令国中："有生得毐，赐钱百万，杀之，五十万。"尽得毐等。车裂以徇，灭其宗。】

铲除嫪毐及其余党，震慑了吕不韦等一干能臣。嫪毐能得太后宠幸，与吕不韦的举荐关系匪浅。但吕不韦先后辅佐两位君王**功勋卓著**，身居相国之位十余年，为秦国对外开疆拓土，对内治国有方，在列国都享有极高声誉。再加上他**广纳贤才**，**门客如云**，这使得我不敢轻易**投鼠忌器**。

【始皇帝十年，公元前 237 年】

我二十三岁那年，还是不忍法办老臣，只以吕不韦与嫪毐之乱有牵连为由，免除了他的相职，让他回到河南封地养老。

不出意外 意外还是发生了

往后的一年里，各国诸侯频繁派遣使者拜访赋闲在家的吕不韦，往来车队相望于道。这很难不叫我担心他有可能内外勾结，发动叛乱。

于是，我亲自写了一封信，让吕不韦迁到巴蜀，断绝他与诸侯、封地、故吏和门客的联系。吕不韦知道君臣关系已破镜难圆，担心宗族被诛杀，便饮毒酒自杀。

【《史记·吕不韦列传》：岁余，诸侯宾客使者相望于道，请文信侯。秦王恐其为变，乃赐文信侯书曰："君何功于秦？秦封君河南，食十万户。君何亲于秦？号称仲父。其与家属徙处蜀！"吕不韦自度稍侵，恐诛，乃饮鸩。而死。】

铲除了嫪毐和吕不韦，不再有人敢蛊惑太后，因此我也不忍母亲在萯阳宫受苦，将她重新迎回咸阳。

【《史记·秦始皇本纪》：齐人茅焦说秦王曰："秦方以天下为事，而大王有迁母太后之名，恐诸侯闻之，由此背秦也。"秦王乃迎太后于雍而入咸阳，复居甘泉宫。】

I HAVE BECOME STRONGER

由此，我从一个弱不禁风寄居在赵国的羸 [léi] 弱少年，成长为手握生杀大权的一国之君。寡人属于宁可重开也不认输的性格，既然出了新手村的舞台这么大，不如玩一把更大的！

历史将由我嬴政写给你看！

此时的大秦已经吞并了半数江山，号称“九州之首”，堪称国富民强，周围的诸侯都知道“如果不信命，全靠八字硬”的话，早晚有一天会被大秦版图蚕食。

【《史记·秦始皇本纪》：“始皇以为咸阳人多，先王之宫廷小。吾闻：周文王都丰，武王都镐。丰、镐之间，帝王之都也。乃营作朝宫上林苑中。”】

超级工程 千年荣耀

要知道在这个时代，没有挖掘机，也没有推土车，所有古代载入史册的伟大工程都是靠牺牲数量庞大的百姓才能完成的。

寡人并非不想体恤臣民，也知道如此浩大的工程必定劳民伤财，但是，要完成**彪炳千秋**的伟业，牺牲再多的百姓在我看来也值得，尤其那些交不起赋税的穷人，只能以服徭役的形式来补偿。而且，还有大量的战俘，只要大秦铁骑不停止征战，就有源源不断的战俘加入这伟大工程的建设。

天下第一宫

阿房宫是为寡人修建，也是为将来涌入咸阳的千千万万的百姓修建，咸阳必定成为天下之中心，也必定成为举世最为繁华之所在。

阿房宫，位于陕西省西安市未央区，始建于秦始皇三十五年（公元前212年），后因秦朝灭亡（公元前206年），阿房宫并未完全建成。阿房宫是秦始皇至秦二世时期在原战国、秦上林苑中营造的大型宫殿建筑遗址，阿房宫遗址与西周丰镐遗址、汉长安城遗址、唐大明宫遗址并称西安的四大遗址，是秦朝历史最重要的代表之一，也是中国国家第一次大统一和华夏民族开始形成的实物标志。

1992年，阿房宫遗址被联合国教科文组织列为世界奇迹。

寡人刚刚继位的时候，也就是十年前，六国之中国土最小、国力最弱的韩国，为了防止自己被吞并，派水利专家郑国来到大秦，想让寡人把大量的人力和财力用到修建水渠上，腾不出精力和时间攻打韩国。

郑国渠不是郑国修的 是郑国修的

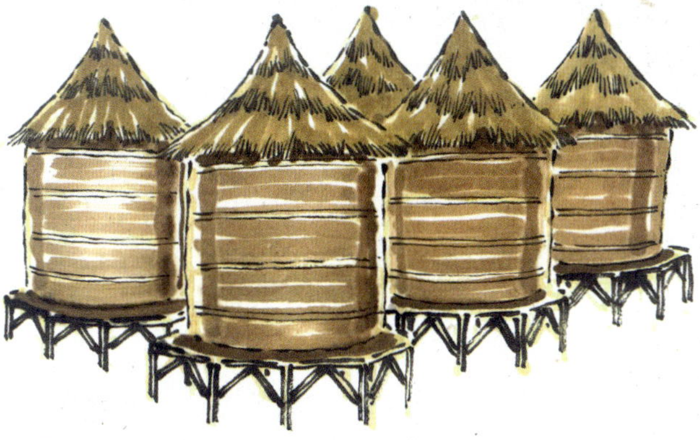

当时韩国有一个水工叫郑国，他建议寡人在泾水和洛水间穿凿一条大型灌溉渠道，当时还是吕不韦主政，寡人将计就计，任用他主持兴建这一工程。施工过程中，韩国“疲秦”的阴谋败露，但寡人依然让郑国主持工程修渠，历时十年完工，人称郑国渠。郑国主持修建的郑国渠引泾河水灌溉农田，使关中变为天下粮仓。

郑国渠，于公元前246年（秦王政元年）由韩国水工郑国在秦国主持穿凿兴建，约十年后完工。郑国渠是古代劳动人民修建的一项伟大工程，属于最早在关中建设的大型水利工程，位于今天的陕西省泾阳县西北25公里的泾河北岸。它西引泾水东注洛水，长达 300 余里。

2016年11月8日，在泰国清迈召开的第二届世界灌溉论坛暨67届国际执行理事会传来喜讯，郑国渠申遗成功，成为陕西省第一处世界灌溉工程遗产。

这么多年来，诸侯各国客居大秦的公卿、富豪如过江之鲫，利用秦国政府**求贤若渴**、**礼贤下士**的政策和良好的待遇，争着向秦国进行渗透活动。

寡人要成就一番霸业，攻克所有副本，必须找到志同道合的队友，也就是意味着要铲除间谍。

站住！间谍！STOP! SPY!

凡是改革，必有两种声音。举国搜查间谍，驱逐宾客的命令刚刚传出，长史李斯就门外求见。

李斯是楚国人，师从荀子，自幼便学习治理天下的学问，成年后认为楚王不值得辅佐，因此来到秦国建功立业。

【《史记·李斯列传》：李斯者，楚上蔡人也。乃从荀卿学帝王之术。学已成，度楚王不足事，而六国皆弱，无可为建功者，欲西入秦。】

李斯这个人呐

李斯原本是吕不韦的门客，寡人还没有亲政的时候，李斯曾对寡人说过：“等待机会的人，往往都丢掉了他们的机遇。成就大功业的人，能够抓住可乘之机并能下狠心。从前，秦穆公雄霸天下，但是最后都没有向东进军吞并六国，这是为什么呢？是因为诸侯国还很多，周朝的德望没有衰落殆尽，所以五霸轮流兴起，以周朝为尊。自秦孝公以来，周朝宗室日渐衰微，各诸侯国之间也是互相兼并，函谷关以东地区被六国瓜分，秦国乘胜奴役诸侯，现在算起来总共有六代了。如今诸侯服从秦国的命令，就如同郡县服从朝廷一样。凭借秦国的强大，秦王的圣明，就如同扫除灶上的灰尘一样，足以扫平诸侯，成就帝业，统一天下，这是一个千载难逢的时机。现在如果懈怠而没有抓紧做这件事情的话，等到其他诸侯国再强大起来，重新订立合纵抗秦的盟约，即使有黄帝的贤明，也没有办法吞并它们了。”

可以说，寡人要扫平诸侯的壮志，李斯是第一个看出来的，也是吕不韦覆灭后为数不多可以和寡人一起指点江山的同道中人。

我也非常赏识他，封他为长史。

【《史记·李斯列传》：李斯乃求为秦相文信侯吕不韦舍人；不韦贤之，任以为郎。李斯因以得说，说秦王曰："胥人者，去其几也。成大功者，在因瑕衅而遂忍之。昔者秦穆公之霸，终不东并六国者，何也？诸侯尚众，周德未衰，故五伯迭兴，更尊周室。自秦孝公以来，周室卑微，诸侯相兼，关东为六国，秦之乘胜役诸侯，盖六世矣。今诸侯服秦，譬若郡县。夫以秦之强，大王之贤，由灶上骚除，足以灭诸侯，成帝业，为天下一统，此万世之一时也。今怠而不急就，诸侯复强，相聚约从，虽有黄帝之贤，不能并也。"秦王乃拜斯为长史，听其计，阴遣谋士赍持金玉以游说诸侯。诸侯名士可下以财者，厚遗结之；不肯者，利剑刺之。离其君臣之计，秦王乃使其良将随其后。秦王拜斯为客卿。】

长篇大论

李斯面见我，并呈上了他写的奏章，你们可以通过这篇文章了解李斯的文采，也可以感受一下我所感受的感受。能看懂多少，就看你们的古文水平如何了。

谏逐客书

臣闻吏议逐客，窃以为过矣。昔穆公求士，西取由余于戎，东得百里奚于宛，迎蹇叔于宋，来丕豹、公孙支于晋。此五子者，不产于秦，而穆公用之，并国二十，遂霸西戎。孝公用商鞅之法，移风易俗，民以殷盛，国以富强，百姓乐用，诸侯亲服，获楚、魏之师，举地千里，至今治强。惠王用张仪之计，拔三川之地，西并巴蜀，北收上郡，南取汉中，包九夷，制鄢郢，东据成皋之险，割膏腴之壤，遂散六国之从，使之西面事秦，功施到今。昭王得范雎，废穰侯，逐华阳，强公室，杜私门，蚕食诸侯，使秦成帝业。此四君者，皆以客之功。由此观之，客何负于秦哉！向使四君却客而不内，疏士而不用，是使国无富利之实，而秦无强大之名也。

今陛下致昆山之玉，有随和之宝，垂明月之珠，服太阿之剑，乘纤离之马，建翠凤之旗，树灵鼍之鼓。此数宝者，秦不生一焉，而陛下说之，何也？必秦国之所生然后可，则是夜光之璧，不饰朝廷；犀象之器，不为玩好；郑、卫之女不充后宫，而骏良駃騠不实外厩，江南金锡不为用，西蜀丹青不为采。所以饰后宫，充下陈，娱心意，说耳目者，必出于秦然后可，则是宛珠之簪，傅玑之珥，阿缟之，锦绣之饰不进于前，而随俗雅化，佳冶窈窕，赵女不立于侧也。夫击瓮叩缶弹筝搏髀，而歌呼呜呜快耳者，真秦之声也；郑卫桑间、韶虞、武象者，异国之乐也。今弃击瓮叩缶而就郑卫，退弹筝而取韶虞，若是者何也？快意当前，适观而已矣。今取人则不然。不问可否，不论曲直，非秦者去，为客者逐。然则是所重者在乎色乐珠玉，而所轻者在乎人民也。此非所以跨海内、制诸侯之术也。

臣闻地广者粟多，国大者人众，兵强则士勇。是以太山不让土壤，故能成其大；河海不择细流，故能就其深；王者不却众庶，故能明其德。是以地无四方，民无异国，四时充美，鬼神降福，此五帝三王之所以无敌也。今乃弃黔首以资敌国，却宾客以业诸侯，使天下之士退而不敢西向，裹足不入秦，此所谓“藉寇兵而赍盗粮”者也。

夫物不产于秦，可宝者多；士不产于秦，而愿忠者众。今逐客以资敌国，损民以益雠，内自虚而外树怨于诸侯，求国无危，不可得也。

如果感觉原文晦涩难懂，可翻到 第 124 页有对应的现代汉语版故事哦！

如果你是我，你会怎样看待这篇文章，又会怎么理解李斯的用心呢？实话讲，李斯奏折的不仅仅是一篇劝谏逐客的文章，更是一篇治理国家的战略。

其价值远远不止于改变“逐客”，更为寡人统一天下奠定了策略基础。

我很矛盾，亲政后的第一道重要旨意要撤回，会显得我出旨武断，瞻前顾后且犹豫不决，对于树立威信大有损伤。但是如果不撤回，李斯说的话句句在理、字字珠玑，我又怎能因为个人威信而损害大秦利益呢？

撤撤撤 WITHDRAW

让更多有意愿来秦国建功立业、经商从政的有才之士汇聚到咸阳，重用客卿，让这些有识之士将来能够成为寡人帝王之业的坚定基石。短暂的混乱后，一切都恢复了平静。

李斯更进一步进谏，请求先攻取韩国来震慑其他国家，寡人顺水推舟，派李斯去游说迫使韩国屈服。韩王很担心这件事，与韩非商议削弱秦国的办法。

尉缭我都能忍况他人乎？

没过几天，魏国人尉缭 [yù liáo] 来到咸阳，对寡人说：“以秦国的强盛，诸侯就像郡县的长官，我只担心诸侯合纵，隐秘而出其不意，这就是智伯、夫差、愍 [mǐn] 王败亡的原因。希望大王不要吝惜财物，以此贿赂各国有权势的大臣，来破坏他们的计划，这样只不过损失三十万金，却能够将诸侯彻底消灭。”我觉得尉缭的建议非常好，每次接见他的时候都平礼相待，服饰、饮食也与他一样。

哪知尉缭背后说寡人坏话："秦王这个人，长着高鼻梁，长眼睛，勐禽 [měng qín] 一样的胸膛，豺狼一样的声音，少恩德而有虎狼一样的心肠，在穷困时不难屈居人下，在得志后也能轻易将人吞食。我是一个平民，然而他接见我时经常居我之下。假如秦王能够如愿统一天下，那么天下人就都变成他的俘虏了。不能和他长期相处。"

【《史记·李斯列传》李斯因说秦王，请先取韩以恐他国，于是使斯下韩。韩王患之，与韩非谋弱秦。大梁人尉缭来，说秦王曰："以秦之强，诸侯譬如郡县之君，臣但恐诸侯合从，翕而出不意，此乃智伯、夫差、愍王之所以亡也。愿大王毋爱财物，赂其豪臣，以乱其谋，不过亡三十万金，则诸侯可尽。"秦王从其计，见尉缭亢礼，衣服、食饮与缭同。缭曰："秦王为人，蜂准，长目，挚鸟膺，豺声，少恩而虎狼心，居约易出人下，得志亦轻食人。我布衣，然见我常身自下我。诚使秦王得志于天下，天下皆为虏矣。不可与久游。"乃亡去。秦王觉，固止，以为秦国尉，卒用其计策。】

尉缭看到我礼贤下士的一面，也看到了我雄霸天下的野心，这么聪明的人，寡人坚决挽留他，任命他为秦国的国尉，也采用了他的计策。

文官我重用李斯、尉缭，从国家治理方面推行能够一统华夏的战略；武官更为重要，没有强大的军队，是不可能通过谈判拿到一寸国土的，所以王翦 [jiǎn]、蒙毅、蒙恬、章邯这些猛将也都是大秦开疆拓土不可或缺的人才。

第四章

灭六国消消乐

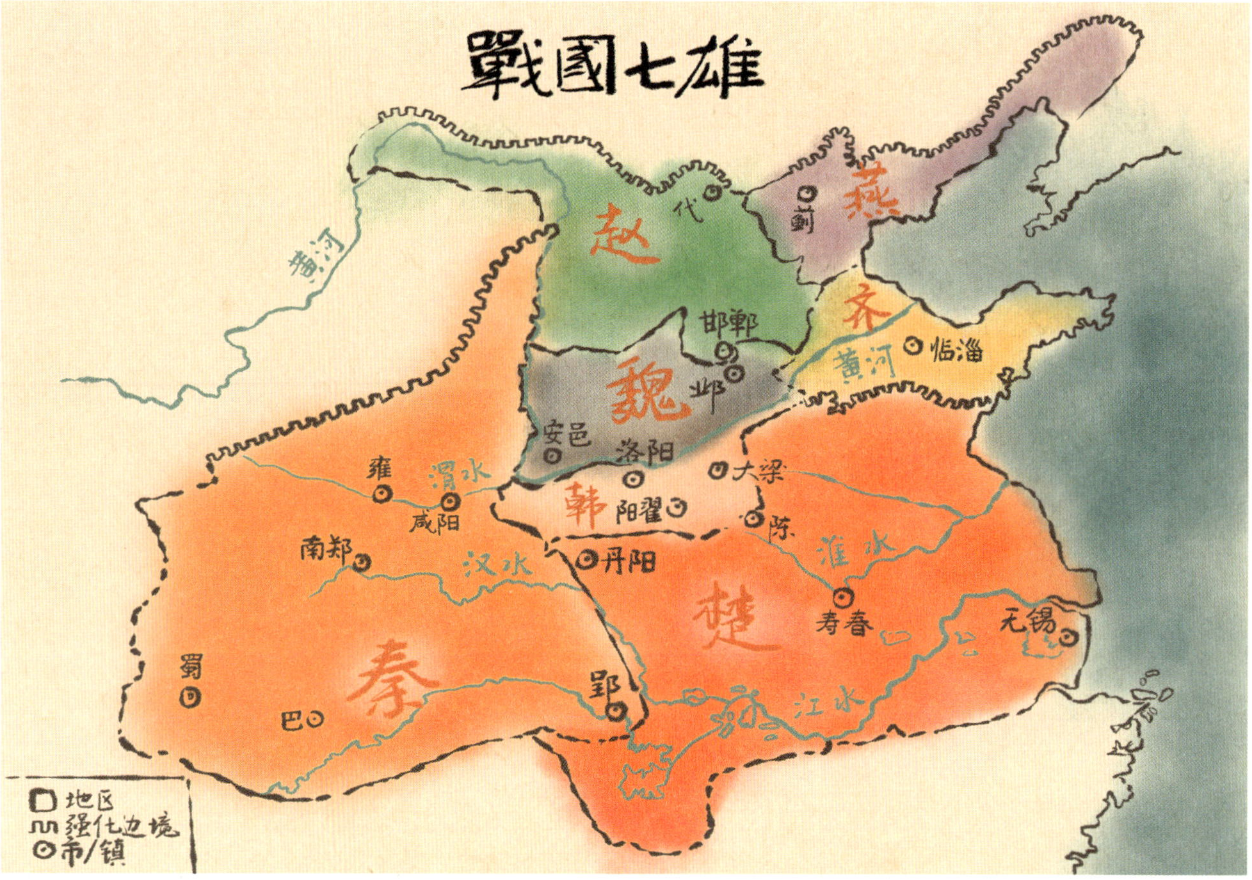

开始战斗！START THE BATTLE

寡人亲政之时，大秦已将巴蜀、汉中收入囊中，西南越过宛城到达郢都 [yǐng dū]，设置了南郡；北面收上郡以东，有河东、太原、上党郡；东至荥阳 [xíng yáng]。

【始皇帝十一年，公元前 236 年】

赵国蠢蠢欲动，出兵攻燕，我派出名将王翦以救燕为名，夹攻赵国，先后攻取了赵的阏 [yù] 与、轑 [láo] 阳、河间、安阳等邑，漳水流域已为秦所占有，在所取的赵地建立雁门郡和云中郡。

【《史记·秦始皇本纪》十一年，王翦、桓齮、杨端和攻邺，取九城。】

【始皇帝十六年，公元前 231 年】

魏国被迫把部分土地献给秦，韩国也被迫把南阳地献给了秦。寡人委派内史腾做南阳假守。待次年，内史腾攻韩，俘虏了韩王安，于韩地建置颍 [yǐng] 川郡，韩国灭亡，六国尚有五国。

【《史记·秦始皇本纪》十六年九月，发卒受地韩南阳假守腾。初令男子书年。魏献地于秦。秦置丽邑。十七年，内史腾攻韩，得韩王安，尽纳其地，以其地为郡，命曰颍川。】

【始皇帝十八年，公元前 229 年】

不得不说，能臣猛将会使寡人如虎添翼，王翦犹如先祖的神将白起附体一样，攻无不克战无不胜，率兵直下井陉 [xíng]，进而围困赵都邯郸。赵王派李牧、司马尚带领大军抵御。

王翦智勇双全，对赵王宠臣郭开进行重金贿赂，散布流言说李牧、司马尚谋反。

赵王因此改用赵葱和颜聚代替李牧、司马尚，并且杀死李牧。

寡人亲赴邯郸，坑杀了自己幼年居住邯郸时的仇家，并在赵都邯郸一带建立邯郸郡。有些流言蜚语说寡人如何如何薄情寡义，怎么能将幼年的仇恨记了这么多年，那是没有人知道寡人幼年时在赵国所遭受的耻辱和困顿，有仇必报不是一种美德，也不为历史所传颂，但是在当时看来，一切都是那么自然发生。

【《史记·秦始皇本纪》十八年，大兴兵攻赵，王翦将上地，下井陉，端和将河内，羌瘣伐赵，端和围邯郸城。十九年，王翦、羌瘣尽定取赵地东阳，得赵王。引兵欲攻燕，屯中山。秦王之邯郸，诸尝与王生赵时母家有仇怨，皆坑之。秦王还，从太原、上郡归。始皇帝母太后崩。】

破！破！破！

【始皇帝十九年，公元前 228 年】

秦军大破赵军，王翦俘虏赵王，六国灭其二。

那个时代流行刺客，尤其从平原君、春申君、孟尝君、信陵君所谓的“四君子”开始。

招揽门客并从中挑选武力值高、忠诚度高的男子，以各种借口接近刺杀对象，成为一种以最小代价消灭对手的手段。尤其很多立志为刺客的人，以要离、专诸、聂政等人为偶像，要靠这种方式在历史上留下姓名。

名场面来了！

寡人身为一国之君，且对韩国、赵国臣民有灭国大仇，所以寡人在接见一些可疑人物的时候尤其注意。这天内侍来报："启禀大王，燕国使者荆轲、秦舞阳携叛臣樊於期 [fán wū qī] 项上人头和燕国地图前来拜见。"

樊於期原是我大秦将领，因为抗拒王命叛逃燕国，寡人最恨不忠不义之人，于是悬赏万金、封邑 [fēng yì] 万户，有人能取得他的项上人头，实在是了却寡人一桩心事。

但使者是燕国人，燕国自韩灭赵亡后一直担心秦军渡过易水，所以不得不防。

寡人在后殿穿上软甲，又罩上朝服，设九宾之礼，在咸阳宫接见燕国的使者。

荆轲捧着装了樊於期头颅的盒子，秦舞阳捧着装有地图的匣子，依次进来。

到了台阶下，秦舞阳害怕得变了脸色，荆轲回过头对秦舞阳笑了笑。

然后，荆轲走上前对寡人说："北方边远地区的人，没有见过天子，所以有些害怕，望大王能够原谅他，让他在大王的面前完成他的使命。"

荆轲虽然表情轻松，神态自若，但是秦舞阳那副畏畏缩缩的样子还是让寡人起了疑心。我对荆轲说："起来吧，取地图来看！"

荆轲拿来地图，捧着，徐徐打开，等地图全部展开后竟然露出了一把寒光闪闪的匕首！

【《史记·刺客列传》荆轲奉樊於期头函，而秦武阳奉地图匣，以次进。至陛下，秦武阳色变振恐，群臣怪之，荆轲顾笑武阳，前为谢曰："北蛮夷之鄙人，未尝见天子，故振慑，愿大王少假借之，使毕使于前。"秦王谓轲曰："起，取武阳所持图！"

轲既取图奉之，发图，图穷而匕首见。因左手把秦王之袖，而右手持匕首揕之。未至身，秦王惊，自引而起，绝袖。拔剑，剑长，操其室。时恐急，剑坚，故不可立拔。】

图穷匕见

荆轲左手抓住寡人衣袖，右手拿着匕首刺向寡人。寡人急忙闪身躲过，挣断衣袖。荆轲拔剑，但剑太长，没办法抽出来。

荆轲追着寡人，寡人绕着柱子跑。

事发突然，殿上的大臣都惊呆了，而按照秦国的法律，殿上群臣不能携带兵器，而那些宫廷侍卫握着武器，都在殿下侍候，没有君王的命令不能上殿。

慌忙之间，寡人也有些惊慌失措，这时有大臣喊道：“大王快拔剑！大王快拔剑！”我这才想起来，原来寡人腰上挂着一把佩剑。于是我拔剑砍向荆轲，砍中荆轲大腿。

荆轲倒地，举起匕首扔过来，击中了柱子。

荆轲自己知道事不能成，靠着柱子笑着，坐在地上骂道："事情之所以没有成功，是想抓活的来回报燕太子啊！"殿下的侍卫上前，斩杀了荆轲，只可惜这个刺杀寡人的荆轲让他留下了"**风萧萧兮易水寒，壮士一去兮不复还**"这句注定流传千古的佳句。

【《史记·刺客列传》荆轲逐秦王，秦王还柱而走。群臣惊愕，卒起不意，尽失其度。而秦法，群臣侍殿上者，不得持尺兵；诸郎中执兵，皆陈殿下，非有诏不得上。方急时，不及召下兵，以故荆轲逐秦王，而卒惶急无以击轲，而乃以手共搏之。

是时，侍医夏无且以其所奉药囊提轲。秦王方还柱走，卒惶急不知所为。左右乃曰："王负剑！王负剑！"遂拔以击荆轲，断其左股。荆轲废，乃引其匕首提秦王，不中，中柱。秦王复击轲，被八创。

轲自知事不就，倚柱而笑，箕踞以骂曰："事所以不成者，乃欲以生劫之，必得约契以报太子也。"】

克！克！克！

荆轲刺寡人，太子丹是主谋，此仇不报非君子！王翦所率秦军势如破竹，即便燕国拼死抵抗，也于事无补。

秦军在易水以西打败燕军，但太子丹逃走了。

【《史记·秦始皇本纪》使王翦、辛胜攻燕。燕、代发兵击秦军，秦军破燕易水之西。】

我知道，后世肯定把我剿灭六国时那些所谓的太子丹、荆轲塑造成保护国家的英雄，但实际上寡人看来华夏九州本为一体。

那些诸侯没有一个不是权臣、宦官当道，百姓民不聊生，贵族们草菅人命、中饱私囊，政体乌烟瘴气、世风日下。

太子丹其实幼时遭遇和寡人一样，也在赵国做质子，算得上故人。

那时候我们还算有交情，但是五年前他来秦国做质子，寡人本欲善待他，可他竟不告而别，逃回燕国。这还不算，他还接纳了秦国的叛将樊於期，这简直是对我赤裸裸的羞辱。

【始皇帝二十一年，公元前226年】

寡人增调士兵到王翦的部队中，秦军大破太子丹的军队，占领燕国都城蓟城（今北京）。

燕王喜和太子丹逃到辽东郡首府襄平继续称王（今辽宁辽阳）。但是秦军仍在后面攻打，不肯停止进军。

幼稚啊幼稚！

CHILDISH, CHILDISH

燕王喜听信谗言，认为杀死太子丹，寡人一定能谅解他而保住燕国。燕王喜派人到太子丹藏身之所，斩杀太子丹，将其首级献给寡人。

【《史记·秦始皇本纪》二十一年，王贲 [wáng bēn] 攻楚。乃益发卒诣王翦军，遂破燕太子军，取燕蓟城，得太子丹之首。燕王东收辽东而王之。王翦谢病老归。】

王翦年事已高，称病告老还乡，这名老将为大秦的开疆拓土立下了汗马功劳，是寡人扫平六国的第一功臣。虎父无犬子，王翦之子王贲子承父业，作为主将率领秦军继续扫荡六合。

【始皇帝二十二年，公元前 225 年】

寡人派王贲攻魏，包围了魏都大梁，引黄河水灌城，三个月大梁城坏，魏王出降，魏国灭亡，六国灭其三。

同年，寡人又派李信、蒙恬 [méng tián] 带二十万大军攻楚。李信、蒙恬兵分两路，节节胜利，但是楚军大将项燕是块难啃的骨头。

在这里我要穿越一下，项燕就是后来楚汉争霸时候西楚霸王项羽的祖父。

秦楚两军相遇，楚军乘秦军不备发起反攻，大败秦军。

势如破竹

寡人这时听说王翦病已痊愈，立刻重新启用，要把伐楚这个最难拿下的任务交给他。

王翦果然不负所望，和蒙武率六十万大军出征。

大破楚军，迫使楚将项燕自杀。接着秦军攻入楚都寿春，俘虏了楚王负刍 [fù chú]，六国灭其四。

【始皇帝二十五年，公元前 222 年】

王翦宝刀不老，平定了楚国的江南，降服了越国之君，设置会稽郡 [kuài jī jùn]。

在灭楚的同时，秦军不断地向东扩展，陆续设郡，并攻取鲁地。

同年，王贲攻燕国辽东，俘虏燕王喜，灭亡燕国，六国灭其五。

【始皇帝二十六年，公元前 221 年】

王贲从燕国南下攻齐，俘虏齐王建，灭了齐国，在齐旧地建立了齐郡和琅邪郡，宣告六国全灭，华夏一统。

第五章

重金狂氪副本任务

丞相王绾[wǎn]、御史大夫冯劫、廷尉李斯等群臣上表，认为寡人“德兼三皇，功过五帝”，遂采用三皇之“皇”、五帝之“帝”构成“皇帝”的称号，是历史上第一个使用“皇帝”称号的君主，所以自称“始皇帝”。

寡人同时在中央实行三公九卿制管理国家，继续执行孝公变法以来商鞅的法家政策，加强君主专制，削弱旧贵族势力，提拔由军功而上升起来的贵族。从此，大秦在寡人的率领下，完成统一大业，正式进入帝国时代。

【《史记·秦始皇本纪》：丞相绾、御史大夫劫、廷尉斯等皆曰：“昔者五帝地方千里，其外侯服、夷服诸侯或朝或否，天子不能制。今陛下兴义兵，诛残贼，平定天下，海内为郡县，法令由一统，自上古以来未尝有，五帝所不及。臣等谨与博士议曰：‘古有天皇，有地皇，有泰皇，泰皇最贵。’臣等昧死上尊号，王为‘泰皇’，命为‘制’，令为‘诏’，天子自称曰‘朕’。”王曰：“去‘泰’，着‘皇’，采上古‘帝’位号，号曰‘皇帝’。他如议。”制曰：“可。”追尊庄襄王为太上皇。制曰：“朕闻太古有号毋谥，中古有号，死而以行为谥。如此，则子议父，臣议君也，甚无谓，朕弗取焉。自今已来，除谥法。朕为始皇帝，后世以计数，二世、三世至于万世，传之无穷。”】

就职演讲

INAUGURAL SPEECH

朕，乃嬴氏后裔，天命所归，承天启运，统御四海。自朕登基以来，历经数载，征战不息，终成大业。六国之乱，一朝平定，天下归心，万民臣服。

昔者，诸侯割据，战乱频仍，百姓疾苦，社稷不安。朕以天下为己任，誓要扫清六合，一统江山。于是，发兵东征、西讨、南征、北伐，历经无数战役，终于一统华夏，成就千秋伟业。

朕之功绩，非同凡响。自周室衰微，诸侯并起，天下分崩离析。朕以一己之力，统一六国，开创中央集权之制，使天下归于一统，百姓安居乐业，社稷稳固，此乃朕之大德也。

朕之治国，以法治国，以德治民。废除分封，设立郡县，使天下无有私地，无有私兵，无有私权。朕之法令，严明而公正，使百姓知法守法，社会秩序井然。

朕之功业，非一日之功，乃数载之劳。朕之威名，非一朝之誉，乃万世之传。朕之天下，非一人之天下，乃万民之天下。朕之治世，非一时之治，乃万世之治。

朕自知，朕之功业，非朕一人之力，乃文臣武将，天下百姓，共同之力。朕之成就，非朕一人之成就，乃天下之成就。朕之荣耀，非朕一人之荣耀，乃天下之荣耀。

朕今自称皇帝，非为自高自大，乃为天下之尊。朕之皇帝，非为一人之皇帝，乃天下之皇帝。朕之天下，非为一人之天下，乃万世之天下。

朕之志向，非止于一统天下，更在于开创万世之太平。朕之理想，非止于一时之荣光，更在于千秋万代之辉煌。

朕之治国，以法治国，以德治民，以智治世。朕之天下，以和为贵，以民为本，以国为重。朕之功业，以天下为荣，以百姓为荣，以社稷为荣。

朕今立此文，以昭示天下，朕之功业，朕之志向，朕之理想，朕之治国之道。朕愿与天下百姓，共治天下，共守社稷，共创万世之太平。

第一次巡游

公元前220年，那是一个春意盎然的清晨，朕身着皇袍，头戴帝冠，站在咸阳宫的城楼上，俯瞰着繁华的都城，心中充满了激动与期待。这是朕第一次以皇帝的身份离开咸阳。

在巡游中，朕不仅能看到沿途百姓的敬仰和跪拜，也能看到连年征战带来妻离子散的创伤，也能听到一些六国贵族要恢复旧制蠢蠢欲动的萌芽。尽管自豪，但朕也感受到了巨大的责任和压力。朕意识到，统一六国只是开始，如何巩固政权、治理国家、赢得民心，才是更长远的挑战。这种责任感让朕时刻保持警惕，不敢有丝毫懈怠。

作为至高无上的皇帝，朕在巡游过程中也能感受到孤独和寂寞。身边百官虽然众多，但真正能理解朕内心世界的人却寥寥无几。

朕对国家的未来充满了期待，希望通过修筑驰道、统一度量衡等措施，促进国家的繁荣和稳定。朕对自己的治国理念抱有极大的信心，期待能够开创一个全新的时代。

统一六国之后，各地的思想文化差异巨大，“百家争鸣”的局面虽然繁荣，但也带来了思想的混乱。朕需要一个统一的思想体系来巩固国家的根基，消除地方割据的思想根源。儒家、道家、法家等各家学说各有拥趸 [yōng dǔn]，但这些学说中的许多观点都与中央集权理念相悖 [xiāng bèi]，不利于国家的长期稳定。

朕推崇法家思想，因为它强调法治、集权和君主权威，这与朕建立和维护的中央集权制度不谋而合。儒家学者往往强调礼教、仁爱，这在一定程度上削弱了法律的权威。为了推行法家理念，朕必须削弱儒家的影响。

当时，有一些儒生利用古代圣贤的言论批评时政，甚至暗中煽动百姓反抗。这些行为在朕看来，是对皇权的挑战，是对国家稳定的威胁。

焚书坑儒

为了打击这些反对势力，朕必须采取严厉措施，以儆效尤。于是，朕下令焚书，规定除政府外，民间只能保留与农业、医药、占卜和法令相关的书籍，其余一律焚毁。

而对于那些坚持己见、不肯顺从的儒生，朕采取了更为严厉的措施——坑杀。

希望通过这样的手段，让所有人明白，任何挑战皇权、破坏国家统一的行为都将受到严厉的惩罚。

尽管采取了这样的措施，但朕也知道文化的重要性、书籍的价值。不过，为了国家的长治久安，为了朕所追求的千秋伟业，这是必要的牺牲。

第二次巡游

因为第一次巡游让朕意识到要想治理好国家，必须深入民间，了解百姓疾苦。所以次年（公元前 219 年），朕决定第二次巡游，并安排去泰山举行封禅大典，以示皇权的神圣和对天地的敬畏。

朕身着祭服，一步步登上泰山，每一步都显得庄严而沉重。当朕站在山顶，俯瞰着脚下的群山和辽阔的大地，感到一种前所未有的成就感。

朕在这里立下了石碑，记录一统天下的功绩，希望它能与天地同寿，与日月齐辉。

随后，朕来到了江南地区。为了更好地连接南北，促进经济的发展，朕下令开凿灵渠。灵渠的开通，将为大秦统一的水运网络增添重要一环。

在返回咸阳之前，朕下令开始修建阿房宫。这是我心中的一座梦想之城，它将是皇权的象征，也是留给后世的一笔财富。朕希望这座宫殿能够彰显大秦的辉煌，让后世子孙铭记。

收服百越

早在灭六国以前，朕就已经把百越之地作为统一的目标。始皇帝二十八年（公元前 219 年）朕命大将屠睢 [tú suī] 率五十万大军，开始南征百越。这场战争是秦朝诸战中最艰难激烈的一仗。

先秦时期岭南是烟瘴南蛮之地，刀耕火种的氏族社会，秦军南下带来了北方中原农耕技术与先进文化，使岭南地区迅速从刀耕火种时代平稳进入农耕文明时代。百越战争是朕统一战争的重要组成部分，它对促进中原与百越的融合及百越社会政治、经济和文化的发展都起着不可忽视的作用。

秦
百越

秦军兵分五路，经广西北部的越城岭、湖南南部的九嶷 [jiū yí] 山以及江西南康和余干等地，向两广地区的越族进军。战争前后相持达三年之久。

【《淮南子》：使尉屠睢发卒五十万为五军，三年不解甲驰弩，使监禄无以转饷；又以卒凿渠而通粮道，以与越人战，杀西呕君译吁宋；而越人皆入丛薄中与禽兽处，莫肯为秦虏，相置桀骏以为将，而夜攻秦人，大破之，杀尉屠睢，伏尸流血数十万，乃发适戍以备之。”】

那时候，长江以南沿海一带为百越之地，这里居住的原住民部落被先秦中原人称为越人（“越”与“粤”通用，亦称粤人），因其支系部落众多，故称为“百越”。但百越本身并非同一个民族，其后裔族群的祖先不同，有大禹（汉族）、雄王（京族）、布洛陀（壮族）、袍隆扣（黎族）等等。

百越部落大体分为东越（又称东瓯 [dōng ōu] 或瓯越）部落、闽越部落、南越（又称南粤）部落、西瓯部落（有说西瓯属南越的分支）、雒越 [luò yuè] 部落等几个部分，其中东越部落、闽越部落、南越部落属汉族先民，而西瓯部落、雒越部落则是京族、黎族等民族的先民。

东越部落居住在今浙江南部的瓯江流域，以温州一带为中心；闽越部落的势力范围以今福建的福州为中心；南越部落分布于今广东的南部、北部和西部地区；西瓯部落分布于今广西一带；雒越部落分布于广西南部、越南北部一带。

百越部落居住的地区，气候温和、雨水充沛、物产丰富、幅员辽阔，但由于为山川五岭所阻隔，远离中原。

大将屠睢第一阶段就很快打下广东地区，几乎没有遇到什么大的阻力。而在广西则打了六年之久，并且是以“伏尸流血数十万”的代价才能统一广西及越南地区。

【始皇帝二十九年，公元前 218 年】

屠睢军进今广西桂林一带，遭到两广越人夜袭，伤亡数十万，屠睢战死。

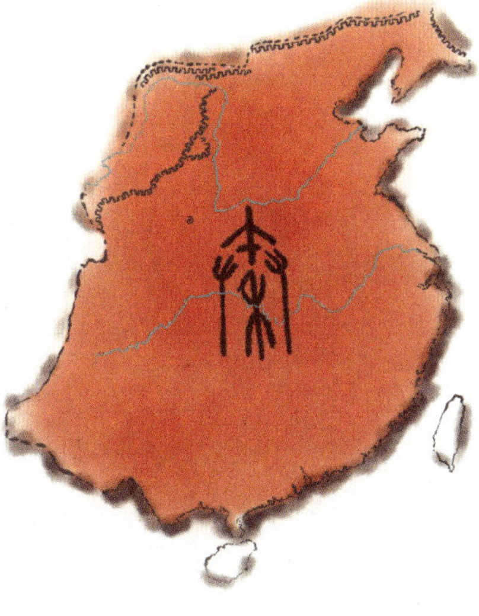

四年后，朕又派任嚣 [rèn xiāo] 与赵佗率援军，经过苦战，终于征服了南粤和西瓯（今广东、广西），秦在这里设置了南海、桂林、象郡三郡。从此，东至海南，北至向户，南至越南中部皆归于秦朝版图，华夏的国土增加了一百多万平方公里。

来都来了当地结婚吧!

为了使百越实现国家认同和文化扎根，朕命所有进入百越的士兵在战后全部留在当地生活，与当地女子通婚，随即在番禺[pān yú]（今广州）设南海郡治，以任嚣为郡尉统管一郡的政治、军事、监察，下辖番禺、龙川、博罗、四会4个县。

龙川地理位置和军事价值都极其重要，故委赵佗任龙川县令。赵佗在龙川筑城辟地以为治所。赵佗既致力防范越人反抗，又采取“和辑汉越”方针，极力安抚越族。

朕为了保住这千秋万代的基业，遣送几十万中原居民迁居南越以传播中原文化。

战国时期中原各国忙于征战，无暇北顾，匈奴经常袭掠与其接壤的秦、赵、燕三国北部边地。为解除匈奴对秦的威胁，秦始皇命蒙恬率 30 万大军北击匈奴。

匈奴你别跑!

XIONGNU, DON'T RUN AWAY!

【始皇帝三十三年，公元前 214 年】

朕命大将蒙恬统主力军从上郡北出长城攻其东；另一支率偏师出长城攻其西，匈奴败逃。秦遂取河南地（内蒙古乌加河以南及伊克昭盟地）。沿河置 44 县，移民垦守。

因匈奴不断来攻，次年秋，朕复命蒙恬军又北渡黄河，取高阙（内蒙古狼山中部计兰山口），攻占阳山（内蒙古乌加河北的狼山、阴山）、北假（乌加河以南夹山带河地区）。

匈奴不敌，向北迁徙。为巩固河南地区，秦置九原郡（郡治九原，内蒙古包头市西北）。这场反击战，解除了匈奴贵族的侵扰与破坏，使今河套内外，大河南北的广大地区，在一个相当长的时间内摆脱了兵祸的灾难。

【始皇帝三十五年，公元前212年】

击退匈奴的同时，朕进一步增加了迁往北疆的人数。除了刑徒外，还鼓励一般民众移居北疆。甚至一次就从内地迁居三万家至北河、榆中定居，凡是去了的，均“拜爵一级”。这些迁去的民众与刑徒，一面屯垦，一面戍边，对于开发北方边境、充实武备，发挥了重要作用。

西南我来了！

朕为开拓西南，派常頞[cháng è]开发西南。常頞因其交通受阻，开凿了一条从今四川宜宾通往云南滇池一带的栈道，因“其处险恶”“道广才五尺”，故名五尺道。栈道开通后，大秦的势力直接抵达且兰、夜郎、邛都[qióng dū]、昆明等地，并在这里设官“置吏”，建立了行政机构。

与此同时，秦又经蜀郡，加强了与今成都、广汉的联系，并使之纳入了郡县制的行政系统。从此，西南少数民族地区不仅密切了与内地的关系，而且成了统一多民族国家的一部分。

要说志向远大，历史上自朕以后，怕是很难有比朕志向远大的帝王。要说勤于朝政，恐怕也很难有帝王与朕相提并论。

长城有多长

秦灭六国之后，朕即开始北筑长城。当时中原刚统一，各地原来的贵族势力还很强，若不保持中央与各地之间的交通和联系，国家随时会处于再次分裂的局面，所以必须尽快改善中央到各地及其他各郡、县之间的交通和联系，因此须尽快建设道路。

由于多年的战争，原各国的农业设施受到相当大的破坏，或因战争而年久失修，在统一后必须尽快恢复农业生产。因此，花相当多的人力来疏通河道、修复水渠，对水路交通和农业灌溉都有利，也是很有必要的。

修建长城，是为了保护北部边境人民的生命财产，其目的也是减少人民的负担；由于匈奴是游牧民族，其骑兵活动范围很大，没有长城的话，要很多军队来防守，这会给人民增加很大的负担。

第六章

再也不用换算度量衡啦

统一度量衡

战国时期，各国的度量衡制度很不一致。朕以原秦国的度、量、衡为单位标准，淘汰与此不合的制度。秦廷在原商鞅颁布的标准器上再加刻诏书铭文，或另行制作相同的标准器刻上铭文，发到全国。与标准器不同的度、量、衡一律禁止使用。

统一币制

秦统一后，规定货币分金和铜两种：黄金称上币，以镒[yì]（秦制20两为镒）为单位；铜钱称下币，统一为圆形方孔，以半两为单位。金币主要供皇帝赏赐，铜币才是主要的流通媒介。

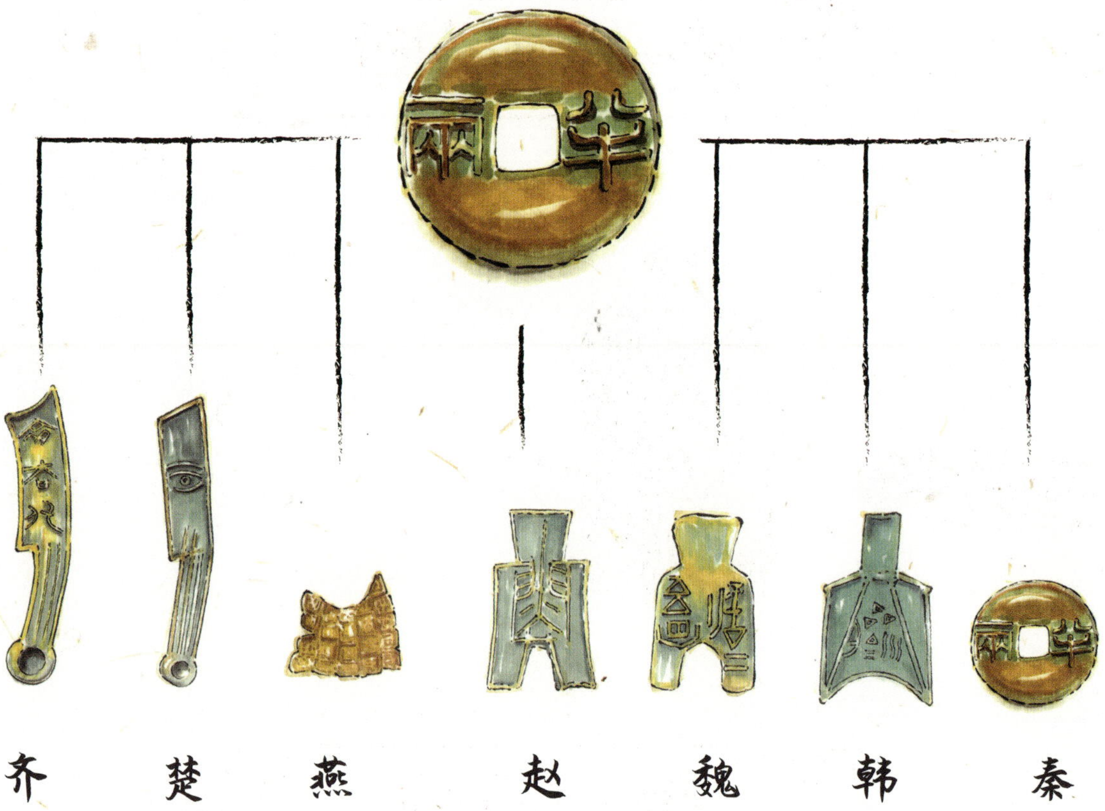

朕采取了两种统一货币的主要途径：一是由国家统一铸币，严惩私人铸币，将货币的制造权掌握在国家手中；二是统一通行两种货币，即上币黄金和下币铜钱。改黄金以“镒”为单位，一镒为二十两。铜钱以“半两”为单位，并明确铸金币明“半两”二字。

铜钱造型为圆形方孔，俗称“秦半两”。原来六国通行的珠玉、龟贝、银锡等不得再充当货币，及至秦，中一国之币为二等；黄金以镒名，为上币；铜钱识曰半两，重如其文，为下币。而珠玉、龟贝、银锡之属为器饰宝藏，不为币。

整合交通 INTEGRATED TRANSPORTATION

从公元前222年开始，朕开始大幅修筑以国都咸阳为中心，向四面八方延伸出去的驰道，类似现代的高速公路。驰道并实行“车同轨”，均宽五十步。驰道既能使交通方便，以利管理六国旧地，又方便北方战争前线的补给，还可以让朕出巡时能畅通无阻。除秦直道和秦栈道外，大多在秦故地与六国旧道以及秦征伐六国时修建道路基础上拓建而成。

为方便运送征讨岭南所需的军队和物资，朕命监御史禄开凿河渠以沟通长江水系的湘江和珠江水系的漓江。运河最终在秦始皇二十年至二十三年（公元前 219 年—公元前 215 年）修成。

修建运河

灵渠是世界上最古老的运河之一，它自贯通后，两千多年来就一直是岭南与中原地区之间的水路交通要道。

土地制度

在土地制度方面，秦始皇三十一年（公元前 216 年），朕下令：“使黔首自实田也。”即占有土地的人自动呈报实际占有土地的数量，并按照规定缴纳赋税。

这个法令承认各类土地的实际占有状况，在客观上具有推动私有土地数量不断发展的意义。他还改变各地“田畴 [chóu] 异亩”的状况，统一土地度量制度，规定 6 尺为步，240 方步为一亩。这一亩制沿用千年而大致不变。

商业政策

朕奉行“上农除末，黔首是富”的经济政策，力图使“百姓当家则力农工”。在对商业有所抑制的同时，朕命群臣制定了一系列有关法律，加强对手工业和商业的管理。

为了加强管理，秦朝设立了“漆园啬夫 [sè fū]”“司空啬夫”“采铁啬夫”等职官，还制定了《工律》《工人程》《均工律》《效律》等法规。秦朝法律在保护合法商业活动的同时，明令禁止一切非法的经商活动，没有特许权力的政府机构以及官吏、农民从事商业经营一律属于违法行为。

《田律》禁止农民卖酒。《厩 [jiù] 苑律》禁止乘用公家车马的官吏出卖死马的肉和皮，这类物品必须统一交县一级政府处理。《金布律》禁止都官自行出售需要处理的物品，必须统一送大内或县处理。

《秦律杂抄》有一条法律规定：严禁低级官吏利用为其配备的马匹和差役进行牟利活动，否则处以流放的重刑。

法律够完善了吧？

秦朝法律还有限制商品价格、保护公平交易、禁止走私等规定。《金布律》明文规定：除价格在一钱的小商品外，出售者必须明码标价。《司空律》规定：粮食价格每石三十钱，劳动力价格“日居八钱，公食者日居六钱”。

《法律问答》规定：其他国家的商贩必须呈验经营凭证，禁止百姓与非法的外商进行交易。珠玉等贵重商品不准卖给“邦客”“旅人”等其他国家的商人。破获的走私珠宝必须缴送内史，由内史酌情奖赏。

文字文化

殷商以降，文字逐渐普及。作为官方文字的金文，形制比较一致。但是春秋战国时期的兵器、陶文、帛书、简书等民间文字，则存在着区域性的差异。

这种状况妨碍了各地经济、文化的交流，也影响了中央政府政策法令的有效推行。统一中原后，朕下令李斯等人进行文字的整理、统一工作。

李斯以战国时候秦人通用的大篆[zhuàn]为基础，吸取齐鲁等地通行的蝌蚪文笔画简省的优点，创造出一种形体匀圆齐整、笔画简略的新文字，称为“秦篆”，又称“小篆”，作为官方规范文字，同时废除其他异体字。

此外，一位叫程邈 [miǎo] 的衙吏因犯罪被关进云阳的监狱，在坐牢的十年时间里，他对当时字体的演变中已出现的一种变化（后世称为“隶变”），进行总结。

此举受到朕的赏识，遂将他释放，还提升为御史，命其“定书”，制定出一种新字体，这便是“隶书”。隶书打破了古体汉字的传统，奠定了楷书的基础，提高了书写效率。

中央集权

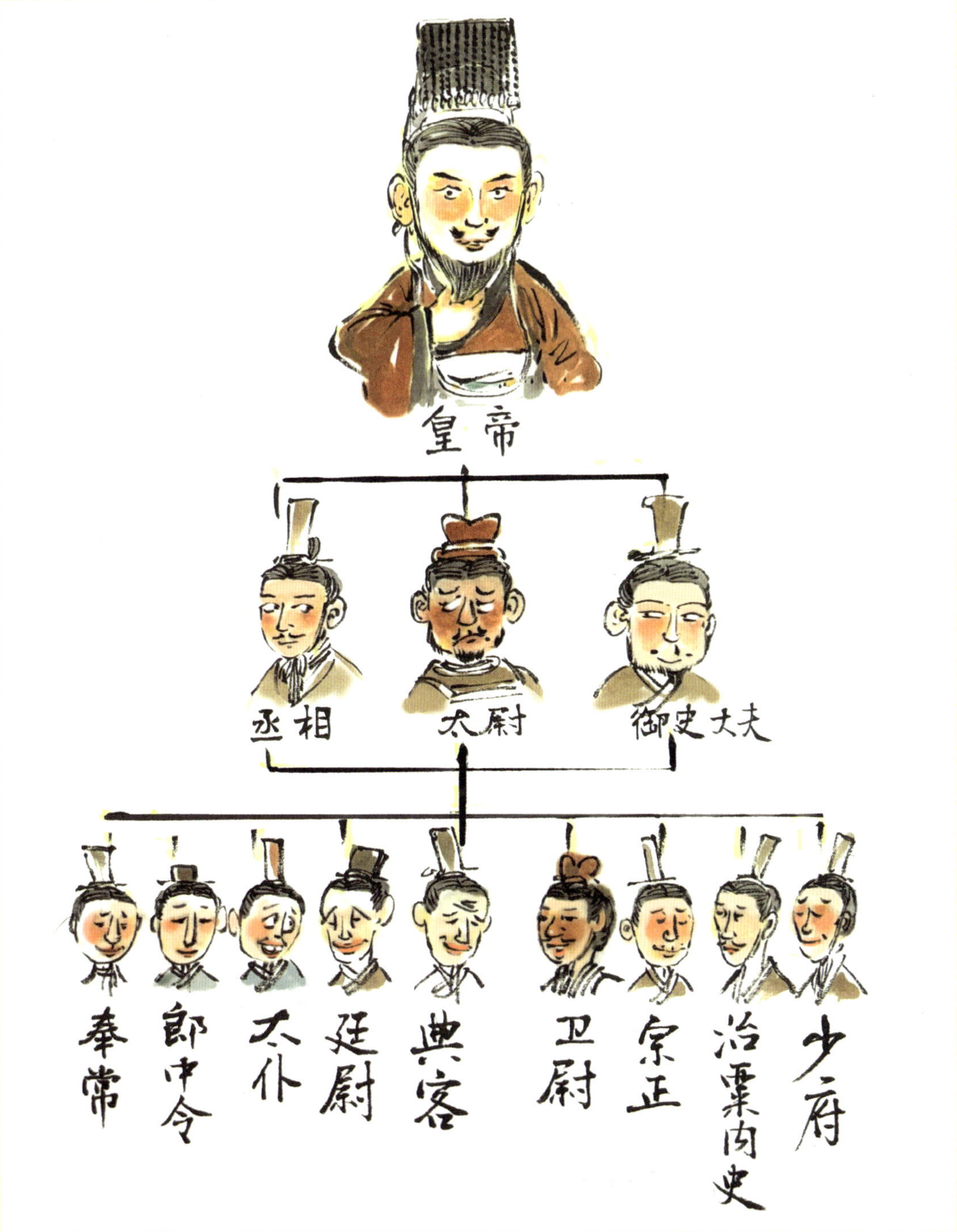

中央集权说起来容易，这庞大的帝国需要复杂的政府来管理。因此，朕设立了三公九卿，以明确职责，提高行政效率。

丞相、太尉、御史大夫：

朕设立丞相、太尉、御史大夫这三公，分别掌管政务、军事和监察。朕希望通过这样的分工，使得国家大事得以有效处理，同时也能够互相制衡，防止权力过于集中。

朕设立丞相，是为了有人能够协助朕处理繁杂的政务，确保国家政令畅通。太尉则负责统一指挥军队，保障国家的安全。御史大夫则是朕的眼睛和耳朵，监督百官，维护法纪，防止腐败。

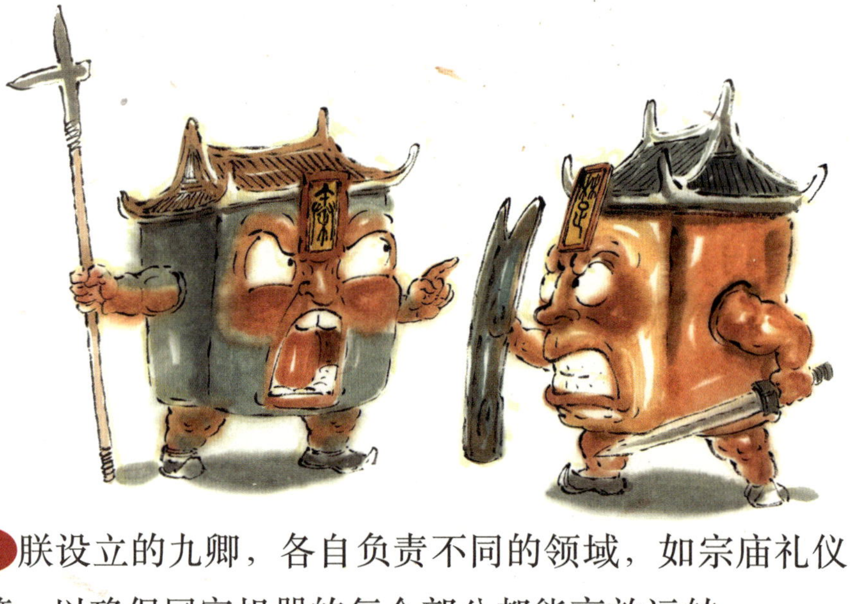

九卿：朕设立的九卿，各自负责不同的领域，如宗庙礼仪、宫廷警卫、司法审判等，以确保国家机器的每个部分都能高效运转。

郡县制

朕在推行郡县制时，有以下初衷：

加强中央集权： 朕希望通过郡县制，将地方政权直接置于中央政府的控制之下，避免地方割据，确保朕的统治能够覆盖帝国的每一个角落。

统一法律和制度： 郡县制的推行，使得全国各地都能够执行相同的法律和制度，这样有利于国家的统一和稳定。

提高行政效率： 郡县制下的郡守和县令由中央任命，他们对朕负责，这样朕的意志可以更迅速地传达到地方，行政效率大大提高。

选拔人才： 通过郡县制，朕可以选拔和培养一批忠诚能干的官员，他们将成为朕治理国家的基石。

朕深知，无论是三公九卿还是郡县制，都是朕为了巩固秦朝的统治，确保国家长治久安而采取的措施。

朕的目的是要建立一个强大的中央集权国家，让朕的帝国能够世代延续，让朕的功绩永载史册。虽然后世对朕的做法有不同的评价，但朕坚信，这是当时最符合国家利益的决策。

第七章

朕的功业谁赞成谁反对

表功开始啦！

千古一帝秦始皇嬴政，在位时间为公元前 247 年至公元前 210 年，共计 37 年。他出生于公元前 259 年，去世时享年 50 岁。秦始皇在位期间，完成了对六国的统一，建立了中央集权的封建制度，推行了一系列重大的政治、经济和文化改革。

且说秦始皇之功：

第一功，统一六国，结束战乱。自公元前 230 年至公元前 221 年，秦始皇先后灭掉韩、赵、魏、楚、燕、齐六国，完成了中国历史上的第一次大一统，结束了长达数百年的战国纷争，使百姓得以安居乐业。

第二功，推行郡县制，加强中央集权。秦始皇废除了分封制，实行郡县制，加强了中央对地方的控制，为后世政治制度奠定了基础。

第三功，统一度量衡，促进经济发展。秦始皇统一了文字、货币、度量衡，极大地促进了各地的经济交流，推动了社会进步。

第四功，修建万里长城，抵御外患。秦始皇下令修建万里长城，以防匈奴侵扰，保障了国家安全和边疆稳定。

先说功再说过

再说秦始皇之过：

第一过，暴政统治，刑法严酷。秦始皇统治时期，实行苛政，刑法严酷，使得民不聊生，怨声载道。

第二过，焚书坑儒，破坏文化。秦始皇为加强思想控制，实行焚书坑儒，严重破坏了我国古代文化，使众多珍贵文献失传。

第三过，奢侈浪费，劳民伤财。修建阿房宫、秦始皇帝陵等工程，耗费大量人力、物力、财力，使百姓生活负担加重。

成就帝业的本身不可能让每个人如沐春风，有大成就的人毁誉参半是再正常不过的事。罪在当代，功在千秋，似乎更能体现秦始皇对于中华民族的巨大影响。

鲁迅先生说得对

鲁迅说：秦始皇实在冤枉得很，他的吃亏是在二世而亡，一班帮闲们都替新主子去讲他的坏话了。不错，秦始皇烧过书，烧书是为了统一思想。但他没有烧掉农书和医书；他收罗许多别国的“客卿”，并不专重“秦的思想”，倒是博采各种思想的……但是结果往往和英雄们的预计不同。

始皇想皇帝传至万世，而偏偏二世而亡，赦免了农书和医书，而秦以前的这一类书，现却偏偏一部也不剩。许多史书对人物的评价是靠不住的。历代王朝，统治时间长的，评论者都是本朝的人，对他们本朝的皇帝多半是歌功颂德；统治时间短的，那朝代的皇帝就很容易被贬为“暴君”，因为评论者是另一个朝代的人了。秦始皇在历史上有贡献，但是吃了秦朝年代太短的亏。

是非功过，留给诸君评说。

第八章

附录

因为年号制度始于西汉，秦始皇在位期间并未使用年号，以下是按照公元前的年份列出的秦始皇一生的重要事件：

公元前 259 年

嬴政出生于赵国邯郸，是秦庄襄王的儿子。

公元前 247 年

秦庄襄王去世，年仅 13 岁的嬴政继承秦王位，摄政由丞相吕不韦掌握。

公元前 238 年

嬴政开始亲政，逐步加强中央集权，推行改革措施，提升秦国的国力。

公元前 230 年

秦国发动对韩国的战争，成功灭韩国，进一步扩大秦国版图。

公元前 238 年至公元前 221 年

秦国在嬴政的领导下，连续发动对其他六国（赵、魏、楚、燕、齐、韩国）的征战，逐步实现统一中国的目标。

公元前 221 年

嬴政完成对六国的统一，建立中央集权的秦帝国，自称“始皇帝”，成为中国历史上第一位皇帝。

秦始皇大事记

QIN SHI HUANG

公元前 220 年

实施一系列重大改革，包括统一文字、度量衡、货币和车轨标准，促进经济和文化的一体化。

公元前 215 年

开始修建万里长城，旨在防御北方匈奴等游牧民族的侵扰，巩固边疆防御。

公元前 213 年

下令修建秦始皇陵墓，现在博物馆展示的兵马俑便是为陵墓守卫而造，展示了秦朝的军事力量和艺术水平。

公元前 210 年

秦始皇在东巡途中突然去世，享年 50 岁。秦始皇之死引发了朝野内外剧烈动荡，最终导致横扫六合八荒的秦帝国二世而亡。

百家争鸣

诸子百家都有谁

“诸子百家”是指春秋战国时期（公元前 770 年——公元前 221 年）以及更早时期涌现出的众多思想流派和学派。这一时期，政治动荡、社会变革频繁，各家学派纷纷提出自己的治国理政、伦理道德、自然哲学等理论，形成了丰富多彩的思想景观。

儒家

代表人物： 孔子、孟子、荀子

主要思想：

★**仁爱与礼仪：** 孔子主张“仁”（爱人）和“礼”（社会规范），强调人际关系中的道德规范，倡导君臣、父子、夫妇、兄弟、朋友之间的五伦关系。

★**君主治国：** 孟子提出“性善论”，认为人性本善，主张通过教育和道德教化实现社会和谐，提倡“民为贵，社稷次之，君为轻”。

★**法治与德治结合：** 荀子则主张“性恶论”，认为人性本恶，必须通过礼法教育和制度约束来规范人们的行为。

主要经典： 《论语》《孟子》《礼记》

影响： 儒家思想成为中国历代封建统治的官方意识形态，对中国的政治、教育、伦理道德等方面产生了深远影响，直至现代仍具有重要的文化价值。

道家

代表人物：老子、庄子

主要思想：

★道法自然：老子在《道德经》中提出“道”是宇宙万物的本源，主张顺应自然规律，反对人类过度干预。

★无为而治：倡导“无为”，即统治者应减少干预，让社会自发运作，以达到最佳的治理效果。

★逍遥游：庄子在《庄子》中强调个人的自由和心灵的解放，主张超脱世俗束缚，追求精神上的自由与逍遥。

主要经典：《道德经》《庄子》

影响：道家思想对中国的哲学、宗教、艺术等方面有深远影响，尤其在道教的发展中起到了奠基作用。其强调自然和谐与个人内在的修养理念，至今仍在中国文化中占据重要地位。

法家

代表人物：商鞅、韩非子、李斯

主要思想：

★法治至上：法家主张通过严明的法律和严格的制度来管理国家，强调法律面前人人平等，主张“以法治国”。

★重视权术：主张君主集权，强化中央集权，利用权术和赏罚制度来控制官员和百姓，确保统治的稳定。

★反对儒家伦理：法家认为伦理道德无法有效治理国家，强调现实利益和实际效果，注重制度和技术手段。

主要经典：《商君书》《韩非子》

影响：法家思想在秦始皇统一六国后被广泛采用，奠定了秦朝严苛的法治基础，对后世中国的行政管理和法律制度产生了深远影响。然而，法家的严厉手段也导致了社会的动荡和民众的不满，最终在秦朝灭亡后一度被抑制。

墨家

代表人物：墨子

主要思想：

★兼爱非攻：墨子主张“兼爱”，即无差别地爱人，反对儒家的等级亲疏之爱，提倡普遍的爱与互助。同时反对战争，主张“非攻”。

★尚贤与节用：倡导用人唯贤，反对门阀世族，主张简朴节约，反对奢侈浪费。

★实用主义：墨家注重实际效果，提倡通过科学技术和工程实践来解决社会问题，如防御工事、农业技术等。

主要经典：《墨子》

影响：墨家在战国时期与儒家并驾齐驱，曾对政治、军事、科技等领域提出重要见解。然而，随着儒家思想逐渐占据主导地位，墨家逐渐衰落，其思想在后世影响有限，但其“兼爱非攻”的理念仍被后人所推崇。

名家

代表人物：公孙龙、惠子

主要思想：

★逻辑与语言：名家关注逻辑学和语言哲学，探讨名实关系、定义和命题的逻辑结构，试图通过逻辑分析解决哲学和实际问题。

★辩证法：公孙龙提出“白马非马”的著名论证，挑战语言与现实的关系，强调名称的精确使用和逻辑推理的重要性。

主要经典：《公孙龙子》

影响：名家在战国时期对逻辑学和语言哲学的发展作出了重要贡献，其辩证方法对后世中国哲学和逻辑学研究具有启发意义。然而，由于其理论较为晦涩复杂，影响力较为有限。

阴阳家

代表人物：邹衍

主要思想：

★阴阳五行：阴阳家主张宇宙由阴阳两种基本力量及五行（金、木、水、火、土）相互作用、相互转化构成，解释自然现象和社会变化。

★天人合一：强调人类社会与自然界的和谐统一，认为政治和社会制度应顺应自然规律。

主要经典：邹衍的著作已经遗失，但是在《史记》《淮南子》《吕氏春秋》里保留了一些阴阳家的思想解读。

影响：阴阳家的理论对中国传统文化、医学、风水、占卜等领域产生了深远影响，其宇宙观和自然观成为中国古代哲学的重要组成部分。

纵横家

代表人物：苏秦、张仪

主要思想：

★合纵连横：纵横家主张通过外交手段实现国家利益，倡导合纵（弱国联合对抗强国）和连横（强国拉拢分化弱国）的策略，以实现国家的统一和强大。

★权谋策略：强调灵活运用权谋和策略，通过谈判、联盟和背叛等手段达成政治目标。

主要经典：《战国策》《鬼谷子》

影响：纵横家的外交策略在战国时期的国际关系中发挥了重要作用，尤其是在合纵连横的实践中，对中国古代外交术和权谋策略的发展具有重要影响。

兵家

代表人物：孙武、孙膑

★战争理论：兵家关注军事战略和战术，强调战争的谋略、纪律和士气，主张以少胜多、以智取胜。

★国家安全：强调国家的军事力量和防御，主张通过强军政策维护国家安全。

主要经典：《孙子兵法》《孙膑兵法》

影响：兵家思想对中国古代军事理论和实践影响深远，《孙子兵法》更是被誉为世界军事经典，至今仍被广泛研究和应用。

诸子百家是中国古代思想文化的瑰宝，各学派在政治、伦理、哲学、经济、军事等领域提出了丰富的理论和实践经验。这些思想不仅在战国时期对各国的政治和社会产生了深远影响，也为后世中国的文化、哲学和制度建设提供了重要的理论基础。尽管随着历史的发展，某些学派逐渐衰落或被融合，但诸子百家的思想遗产依然在中国乃至世界思想史上占据重要地位，对现代社会的治理、伦理和文化仍具有启示意义。

超级手办——兵马俑

兵马俑的由来可以追溯到古代的人殉制度。在人殉制度盛行的时期，奴隶主死后，奴隶会被作为殉葬品陪葬。到了春秋战国时期，人殉制度逐渐被废止，取而代之的是以俑殉葬。

秦始皇统一六国后，为了彰显其强大的统治力和帝国的威严，决定修建陵墓并为其建造一支规模宏大的陶俑军队。

【《史记·秦始皇本纪》：始皇初即位，穿治郦 [lí] 山，及并天下，天下徒送诣七十馀 [yú] 万人，穿三泉，下铜而致椁 [guǒ]，宫观百官奇器珍怪徙臧满之。】

秦始皇刚即位的时候，就在郦山开山凿洞，等到统一了全国，把天下各地的七十多万刑徒送到郦山，把地宫一直挖到有水的地方，用铜封锢，然后把棺材安放在里面，仿制的宫殿、百官和各种珍奇宝物都徙置其中，藏得满满的。

中国历史上的绝大多数皇帝都是在自己生前给自己修建陵墓的，这已经成为一条不成文的规定，秦始皇只不过是第一个开创这个规定的皇帝而已，像汉武帝、唐太宗都是在生前给自己修建陵墓的。

而且越是有作为的皇帝，越是给自己的陵墓修建得豪华、气派，因为死后的生活是对照他们生前的生活标准来制定的，他们认为自己死后也能享受生前的荣华富贵。

秦始皇一边给自己寻找长生不老药，一边又给自己修建陵墓，这是做了生死两手准备。在科学技术并不发达的古代，这是古人认知的局限性，并不矛盾。

从秦始皇为自己修建的陵墓规模来看，是前无古人、后无来者的，秦始皇陵占地面积 56.25 平方公里，比北京市西城区的面积都要大。秦始皇陵墓有外城和内城，地宫之上的封土层有 35 米深，相当于 10 层楼那么高；地宫占地面积 1.665 万平方米，地宫高度就有 25.7 米。根据史书的记载，地宫还有用水银建成的江河湖海。此外，秦始皇陵墓还有四百多座陪葬坑，规模宏大的兵马俑只是其中的几座而已。

征召天下 70 多万人参与修建，前后修建了 37 年之久，可见秦始皇有多么重视。而想要达到这种效果，就得在自己有能力的时候来修建，因为没有人知道自己哪一天会突然去世，秦始皇死的时候只有 50 岁，死在了第五次巡游的路上，而且当时还没有册封太子，足以证明秦始皇也没有想到自己会死。

秦始皇陵兵马俑既是一部跨越两千多年的“地下军阵”，也是一座宏大而独特的历史文化艺术宝库。它所体现的，不仅仅是令人惊叹的规模与精湛的工艺，更折射着秦始皇对于“大一统”与“永恒”追求的种种雄心。

现在面世的三座主要俑坑、上千名武士俑各有神情姿态、上百匹马俑与战车配合——让人仿佛置身于秦军的实战场景。每一件俑都有精雕细琢的面部表情、服饰细节、武器装备，甚至同一军种的俑也会在胡须、发髻、神情上表现出微妙差异。这种精湛工艺，既展现了古代匠人高超的手艺，也体现了秦帝国在管理与组织方面的强大能力。

秦始皇建造兵马俑的根本目的，一方面是为了在“来世”继续拥有至高无上的权威和无坚不摧的军力；另一方面，他也希冀通过这样一支“地下军队”，延续自己生前对天下局势的掌控，巩固秦帝国的基业。在那个时代，帝王对死后世界的想象往往带有强烈的现实投射：冥界与阳世相通，生前的权势与护卫也能转移至死后的“地下国度”。兵马俑因此成为秦始皇生前威势、军功与统一大业的“艺术缩影”。

谏逐客书说的啥

臣听说官吏议论驱逐列国入秦的游说之士，私下认为这是错误的。

从前穆公访求贤士，西面从西戎 [róng] 得到了由余，东面从宛地得到了百里奚，从宋国迎来了蹇 [jiǎn] 叔，从晋国得来了丕豹 [pī bào]、公孙支。这五位人物，不出生在秦国，但穆公重用他们，兼并了二十个诸侯国，于是称霸西戎。

孝公采用商鞅 [yāng] 的法令，移风易俗，人民因此富裕丰盛，国家因此富足强盛，百姓乐于效力，诸侯亲近顺服，俘获楚魏军队，攻占土地千里，国家至今安定强盛。

惠王采用张仪计谋，攻克三川之地，西面兼并巴蜀，北面收受上郡，南面轻取汉中，统揽[lǎn]九夷之地，控制楚之鄢郢[yān yǐng]，东面占有成皋[chéng gāo]之险，割取肥美土地，六国联盟罢休，迫使西来侍奉秦国，功绩延续到今天。

昭王得到范雎[fàn jū]，废掉穰侯[ráng hóu]，放逐华阳君，加强国家权力，杜绝权豪之门，蚕食诸侯国家，使秦国成就帝王之业。这四位国君，都是依靠客卿的功劳。由此看来，客卿有什么对不起秦国的呢？假使四位国君拒绝客卿而不接纳，疏远贤士而不重用，这会使秦国没有富庶之实和强大之名了。

如今陛下得到了昆仑山的美玉，拥有随侯珠、和氏璧这样的宝物，悬挂着夜间光如明月的宝珠，佩戴着太阿宝剑，骑着纤离骏马，立起用翠羽编成凤鸟形状所装饰的旗帜，架起用灵鼍 [líng tuó] 皮蒙成的鼓。这些宝物，秦国不出产一样，而陛下却喜欢它，为什么呢？

一定要秦国出产的东西才可以用，那么夜光璧不能装饰朝廷；犀角、象牙做的器物不能成为赏玩嗜好之物；郑国、卫国的女子不能充斥后宫；骏马驴骡不会充满外马房；江南的金器锡器不会被使用，西蜀的丹青不会作为绘画的颜料。用来装饰后宫、充塞堂下、娱乐心情、好听好看的东西，一定要秦国出产的才可以，那么宛地珍珠装饰的头簪 [zān]、附着珠玑 [zhū jī] 的耳饰、东阿丝绸做成的衣服、织锦刺绣的饰品不会进献到您的面前；而化俗为雅、宁静美丽的赵国女子不会站在您的身边。那敲打着瓦器、弹着秦筝、拍着大腿呜呜唱歌呼叫而悦耳的，才是真正的秦国音乐。《郑》《卫》《桑间》《韶虞》《武象》这类乐曲，都是别国的音乐。现在抛弃了敲击瓦器而接受《郑》《卫》之音，屏退弹筝而求取《韶虞》，这样做是为什么呢？为了舒适称心于眼前，适合观赏罢了。如今选取人才则不然，不问可用不可用，不论是非曲直，不是秦国人都得离去，是客卿的一律驱逐。这样看来，所重视的是美色、音乐、珍珠、玉器，而所轻视的是人民。这不是用来据有天下、控制诸侯的策略。

臣听说地域辽阔粮食就多，国家广大人口就多，军队强大士兵就勇敢。泰山不拒绝泥土，所以形成了它的高大；河海不挑拣细流，所以成就了它的深广；帝王不拒绝众多的百姓，所以能使他的功德昭著。因此，地域不论东西南北，百姓不论异国他乡，一年四季充实美好，鬼神降恩赐福，这就是五帝三王之所以无敌的原因。现在却抛弃百姓以帮助敌国，拒绝宾客去为诸侯成就功业，让天下的贤士退却而不敢向西而来，裹足不前进入秦国，这就是所谓“借给敌人武器，送给盗贼粮食”。

东西不是秦国出产的，可珍贵之物很多；贤士不是秦国出生的，而愿效忠的很多。如今驱逐客卿去帮助敌国，减少人民而对仇敌有益，使自己内部空虚而外部又跟诸侯结怨，要想国家没有危险，那是不可能的。

后记

秦国八百年奋斗史——从弼马温到一统天下

《千古一帝秦始皇》只能看到秦始皇纵横捭阖、所向披靡，我们看不到的是秦国最初也是从无到有，从弱到强。一个国家的兴衰荣辱，一个家族的强盛衰败，都是通过至少十几代人甚至几十代艰苦卓绝的奋斗，最终才能屹立巅峰的。

那么秦国是如何崛起的呢？

秦人的祖先只是给周王室养马的，周孝王认为他们劳苦功高，就把秦邑赏赐给了他们。

秦邑在哪儿呢？据历史考证，这块封地位于甘肃省天水市清水县，还包括陇南市的礼县，也就是边陲之地的两个县。于是，秦成为这些人的族称，但此时离他们建国还有十万八千里。

【史记·秦本纪】昔伯翳为舜主畜，畜多息，故有土，赐姓嬴。今其后世亦为朕息马，朕其分土为附庸。邑之秦，使复续嬴氏祀，号曰秦嬴。

西周的最后一任君主周幽王，就是为博美人一笑在历史上留下“烽火戏诸侯”故事的那位亡国之君，在“镐 [hào] 京之变”这场政变中，周幽王被杀，西周灭亡。

巧的是“镐京之变”爆发时，秦人的首领秦襄公派兵进入镐京勤王。周幽王被杀以后，国不可一日无君，各路诸侯拥立周平王，历史也就进入了东周列国时代。

镐京在政变中只剩下破壁残垣，周平王决定东迁洛邑（洛阳），秦襄公在这个时候看准机会，争取到派兵护送周平王的任务。

反正我也不想管，反正我也管不好。

战战兢兢的周平王对这个忠诚的臣子十分感激，于是把岐山以西的大片土地都赏给了秦襄公。大片的土地说起来好听，实际上居住着大量的少数民族犬戎，非常不好管理，周王室只是做了个顺水人情，送给你啦！

周平王是秦的大恩人，封地尚在其次，最主要的是，周平王把秦襄公封为了诸侯，秦国由此建立。

【史记·秦本纪】平王封襄公为诸侯，赐之岐以西之地。曰：“戎无道，侵夺我岐、丰之地，秦能攻逐戎，即有其地。”与誓，封爵之。

秦国本来就在边陲之地，获封诸侯又晚，大部分诸侯都是周朝开朝时候封的天子宗亲，像齐国也是因为姜子牙这种劳苦功高的重臣，秦虽然建了国，但说来说去祖上是养马的，所以在诸侯间地位最低，也不被其他诸侯瞧得上。

这时候的剧本就可以分两条线，一条线是躺在封地上摆烂，另一条线是把岐山的大片土地真正拿下来。当时的秦人真是团结，硬是在和犬戎的斗争中取得了胜利，由此威名大振，算是在西陲之地站稳了脚跟。

一代一代的秦国君主励精图治，把雄心大志落实到位，等到秦穆公继位时，秦国已经成为称霸西陲的一个新兴强国，版图已经扩张到关中平原的大部分地区，开始与晋国接壤。

称霸西陲不是终点，而是称霸中原的过程。老牌诸侯晋国就是阻碍秦国入主中原的最大障碍。

那时候的晋国有多牛呢？晋国在晋献公的率领下取得“并国十七，服国三十八”的巨大成就，是春秋时期绝对的超级大国。秦国再励精图治，也知道时机不对。

硬的不行，咱们来软的，诸侯间拉近关系最好的办法就是和亲。秦穆公娶了晋献公的女儿，晋献公是他的老丈人，晋国自然就成了秦国的友邦。

秦穆公真的算是有雄才大略，他娶了晋献公的女儿并没有得过且过、不思进取，而是一直在寻找机会。机会总是留给有准备的人，随着晋国发生内乱，秦穆公相继通过扶持晋惠公、晋文公试图控制晋国，从而东进中原。

这时候另一个英雄横空出世，那就是晋文公重耳，在他的治理下，晋国反而愈发强大，硬生生把秦国挡在了西面，导致秦穆公临死都耿耿于怀。

虽然东进不顺，但秦国在西面击败西戎王，使秦国的国土再次向西面大幅扩张，奠定了秦国在大后方的稳定。

秦穆公死后，秦国进入了长达百年的衰弱期，再也无力东进。

等到秦孝公继位时，秦国的国力已经大不如从前，甚至一度被各诸侯嘲笑为夷戎。

【史记·秦本纪】
秦僻在雍州，不与中国诸侯之会盟，夷翟遇之。

历史的车轮从来不会停止转动，春秋时代落幕，战国时代开启，晋国在“三家分晋”后已经不复存在，晋国一分为三，大大地减轻了秦国东进的压力。

这时候秦孝公在位，决心重振秦国，他招贤纳士，任用商鞅进行改革。

著名的“商鞅变法”让秦国因此开始走上复兴之路，秦国很快就恢复了国力，成就甚至超越了秦穆公，霸主地位甚至得到了周天子的认可。

【史记·秦本纪】

十九年，天子致伯。二十年，诸侯毕贺。秦使公子少官率师会诸侯逢泽，朝天子。

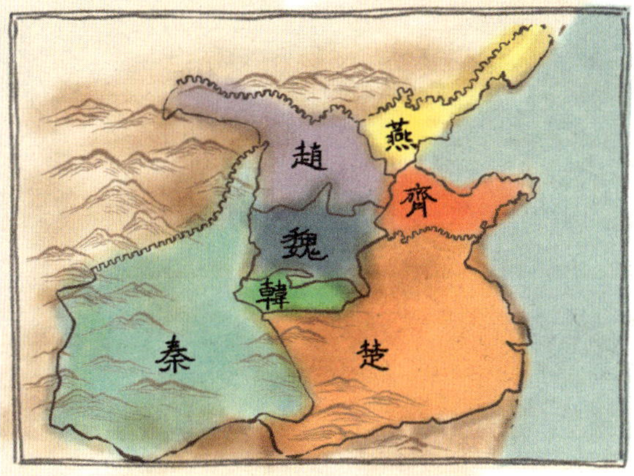

战国时代是七雄之间的相互角逐和兼并，而秦国由于东进的意图太过明显，而且国力强大，因此成为众矢之的，各家诸侯联合起来对抗秦国。

秦惠文王继位后，采纳张仪的“连横”之策，击溃了各诸侯国之间的合纵联盟。秦惠文王善于识人用人，在他的任用下，公孙衍、张仪、魏章、司马错这些人都帮助秦国做出了巨大贡献，而秦国在版图上也在持续扩张。

【史记·秦本纪】

九年，司马错伐蜀，灭之……伐取义渠二十五城……十三年，庶长章击楚於丹阳，虏其将屈匄，斩首八万；又攻楚汉中，取地六百里，置汉中郡。

再超级大国也难抵诸侯联军，所以秦国尽管处于“一超多强”里“超”的地位，要想扩张版图还真是无从下口。

秦昭襄王继位后，任用范睢为宰相，并且制定了著名的“远交近攻”的政策，这个政策瓦解了各诸侯国之间的合纵连横，使秦国能够集中精力蚕食三晋之地，逐渐削弱赵、韩、魏三国的实力。

你们所熟知的“纸上谈兵”，就是秦昭襄王期间任用被称为“杀神”的白起大破赵括所率的赵军。

更为精彩的是，秦昭襄王在位期间攻陷了洛邑，俘虏了周赧 [nǎn] 王，把象征王权的九鼎转移到咸阳，正式结束了周朝的统治。

【史记·秦本纪】

于是秦使将军摎攻 [jiū gōng] 西周。西周君走来自归，顿首受罪，尽献其邑三十六城，口三万。秦王受献，归其君于周。五十二年，周民东亡，其器九鼎入秦。周初亡。

在位五十六年的秦昭襄王就是嬴政的曾祖父。

在位三天的秦孝文王就是嬴政的爷爷。

在位三年的秦庄襄王就是嬴政的爸爸。

从周孝王封赏秦邑，到秦始皇一统六国，嬴氏一族几乎七百年来不断为后世奠定基础，无数的贤明君主，以及雄才大略的嬴政，最后才为历史呈现出一部波澜壮阔的统一画卷。

秦始皇于公元前210年驾崩后，秦朝迅速陷入动荡，天下大势剧变：

起义爆发

公元前209年，陈胜、吴广揭竿而起，发动大泽乡起义，引发六国旧贵族，像楚国项梁、项羽及民众大规模反抗，形成反秦联军。

秦廷内乱

秦二世胡亥继位后，赵高专权，诛杀李斯等忠良，统治更加残暴，加剧社会矛盾。

秦朝覆灭

项羽巨鹿之战（公元前207年）歼灭秦军主力，刘邦趁势入关中，公元前206年，秦王子婴投降，秦亡。

楚汉争霸

秦失其鹿，天下共逐。项羽裂土分封，自号西楚霸王，刘邦韬晦汉中。一老一少相峙，布衣与贵族争锋，这场历时四载的博弈终以刘邦承续始皇伟业告终。东方神兽出品的水墨丹青连环画《楚汉争霸》，再现了这段跌宕史诗，丹青点染间犹见鸿门剑气、垓下悲歌。

图书在版编目（CIP）数据
我在古代当皇帝：千古一帝秦始皇 / 有且著 .
北京：新华出版社，2025. 3
ISBN 978-7-5166-7900-5
Ⅰ . K827=33
中国国家版本馆 CIP 数据核字第 20254JW700 号

我在古代当皇帝：千古一帝秦始皇

作者：有　且　　插画：博　观
出版人：匡乐成　　出版统筹：王永霞
责任编辑：蒋小云 王依然　　装帧设计：崔姗姗

出版发行：新华出版社有限责任公司
（北京市石景山区京原路 8 号 邮编：100040）
印刷：北京市十月印刷有限公司

成品尺寸：210mm×285mm 1/16　　印张：9.5　　字数：50 千字
版次：2025 年 5 月第一版　　印次：2025 年 6 月第二次印刷
书号：ISBN 978-7-5166-7900-5　　定价：128.00 元